比较社会学研究

王宏彬　著

HEUP 哈尔滨工程大学出版社

内容简介

比较社会学是通过将两个以上社会的社会学实践资料进行比较研究，探讨其共性和差异性，进而阐明社会发展变迁条件和规律的一门社会学分支学科。本书强调比较社会学研究分析对象为社会结构，分析单位应该选择全社会范畴；研究策略包括：通过对个案研究的重复进行比较，理想型与经验型的比较，国内差异的跨国比较，纵时性、历时性与异时性比较等。

本书可以作为高校社会学教材，供高校教师和学生使用；也可以为从事社会学研究的工作者提供辅助资料。

图书在版编目(CIP)数据

比较社会学研究／王宏彬著．—哈尔滨：哈尔滨工程大学出版社，2016.9

ISBN 978-7-5661-1379-5

Ⅰ．①比…　Ⅱ．①王…　Ⅲ．①比较社会学-研究　Ⅳ．①C91-03

中国版本图书馆 CIP 数据核字(2016)第 239479 号

选题策划　卢尚坤
责任编辑　叶　津
封面设计　恒润设计

出版发行　哈尔滨工程大学出版社
社　　址　哈尔滨市南岗区东大直街 124 号
邮政编码　150001
发行电话　0451-82519328
传　　真　0451-82519699
经　　销　新华书店
印　　刷　哈尔滨工业大学印刷厂
开　　本　787mm×960mm　1/16
印　　张　14.25
字　　数　208 千字
版　　次　2016 年 9 月第 1 版
印　　次　2016 年 9 月第 1 次印刷
定　　价　32.00 元
http://www.hrbeupress.com
E-mail:heupress@hrbeu.edu.cn

自　序

第二次世界大战后，社会的巨变，科技、交通的发展，已使人类不能像简单社会那样处于相互隔绝的状态之中，人类的空间距离也日渐缩小。特别是冷战结束后，原有的但一直隐匿起来的来自民族、宗教等文化的冲突越演越烈，从这个意义上说，人类社会正面临着一场社会的“危机”、文明的“危机”。而作为科学的比较社会学也正在以传统的研究领域和技术为基础，扩展自身的研究视野，试图探索出解决现代社会诸多问题的方法，并从比较社会与文化的视角来解决人类赖以生存和发展的问题，引导人们适应现在和未来变化的轨迹。然而，要使对这些问题的研究取得深入的进展，就要先回到这一学科的内在领域及其理论基础上来。

1960 年，美国社会学家怀特第一次访问南非，在一次工业发展问题的讨论会上，他强调欠发达国家和地区应该自己发现自己，认为这些国家和社会，不能以欧洲和北美的发展模式来发展自己，而是要在比较中发现自己。这一比较涉及很多领域，较为宏观的领域，一为纵向的比较，一为横向的比较。比较社会学比较的焦点就是“社会”，即在一时空的维度下，将不同的社会或同一社会内部的不同群体加以比较，以说明他们的相似和差异，进而在此基础上，整合出一套不同社会与文化的共生逻辑和规则。

比较社会学是通过将两个以上社会的社会学实践资料进行比较研究，探讨其共性和差异性，进而阐明社会发展变迁的条件和规律的一门社会学分支学科。社会人类学和功能人类学亦将其研究称作“比较社会学”。溯源比较社会学，笔者将源头定位在涂尔干那里，涂尔干认为经过A.R. 拉德克利夫-布朗的布道宣传，该学科形成了四个流派，即历史学派的比较社会学、经验学派的比较社会学、理论社会学派的比较社会学、社会人类学派的比较社会学。笔者较为倾向于经验学派的比较社会学和社会人类学派的比较社会学，强调比较社会学研究的分析对象为“社会结构”，分析单位应该选择“社会”等。从时空序列上来说，主要强调不同空间地域上社会结构的比较。与社会人类学进行比较，按照笔者的表达，如果把社会人类学研究过程分为观察、分析、比较、解释四个阶段的话，只有后两个阶段才是比较社会学研究，前两个阶段是比较社会学研究的基础。或者说，只有不同社会单位的社会学比较才是比较社会学研究。如果对一个个单个社会单位进行实证研究，那么这也仅仅是比较社会学的基础。同时，与社会学的差异主要在于比较社会学强调不同社会单位的比较，这也保持了比较社会学在社会学领域中的独特性本质。并且，强调社会结构层面的比较研究，赋予了比较社会学独特的性质与功能，即为社会学和人类学之间打开了一条通路，架起了桥梁。因此，从学科差异性角度出发，笔者相对建构了比较社会学的性质及其独特的学术地位。

作为一种方法策略，或者说是比较社会学的策略，它主要有以下几种方式，具体为对个案研究的重复进行比较，理想型与经验型的比较，二元比较，相似国家的比较，通过功能等价性比较对照国家，异质性领域的概念同质性比较，世界统计比较，国内差异的跨国比较，纵时性、历时性与异时性比较等。首先，从研究视域角度来讲，将比较社会学限制在社会结构层面的比较，以此凸显比较社会学的异质性及相应的科学性。也许在大家看来，这种做法是为了一棵树木而丢掉了整片森林，缩小了比较研究的范围。然而也正是这种有意识的学科建构，在认同社会学学科的基础之上，强调社会结构要素的比较，同时也可以从单一层面进行切入研究，并且最终将落脚点放在社会结构方面，可以说是万变不离其宗。从研究方法论角度来讲，这是一种较高层次的比较研究，或者说是比较分析的最终指向。其次,从研究的时空性来看,比较社会学的比较层面主要在空间维度,而时间层面却不在其考虑范围之内。因为,“科学”注重的是普遍性,而非独特性,受社会人类学的影响,比较社会学则走向了一种空间地域层面的比较。

事实上,比较社会学的发展也并未按照作者的建构方向进行发展。从当前研究动态来看,我们不仅要对空间层面的社会结构进行比较,而且也要对空间层面社会结构变迁进行研究,对不同空间层面的社会结构序列进行比较分析,以此构建社会发展的立体图景。

作为一门建构在比较分析基础之上的社会学分支学科,比较社会学的弱化受到历史条件和分析方法、手段的限制,使得相应的功能并未能得到展现。或者说,在当前研究结构与情境中,比较分析大行其道有着其内在的合理性,特别在注重科学性及追求实证性的基础上,比较分析为定性研究点燃了迷茫路上的一盏灯。或者说,这盏灯照亮了定性研究的合法性与科学性的道路。有了这盏灯,定性研究可以走得更远。但是,如果要上升到比较社会学的层面之上,那么还需要更多的努力,这也将是在比较分析积累多年之后,必将继续前进的一个方向。

本书在撰写过程中,学习、参考和借鉴了国内外相关专家的研究成果,在此向他们表示最诚挚的感谢和敬意。本书在出版过程中,刘燕飞、杜蕾、孙志琪、李海英、刘冰、王醒帝、闫文颖等同学为本书做了大量的辅助性工作,也得到了哈尔滨工程大学出版社卢尚坤编辑的大力支持,在此一并表示衷心感谢。尤其感谢东北林业大学卞文忠教授对本书给予的学术指导和帮助。虽然我以严谨、认真的态度,努力撰写好这本书,提出自己的见解和主张,但由于时间有限,难免有疏漏和错误,恳请各位专家指正。

著 者

2016年6月

目　录

CONTENTS

第1章　走进比较社会学…………………………………………………… 1

1.1　比较社会学的理论视野　1

1.1.1　比较社会学研究的思想流派　1

1.1.2　比较社会学研究的发展历程　3

1.1.3　比较社会学的研究范式　7

1.2　比较社会学研究的意义　8

1.2.1　比较社会学研究的理论意义　9

1.2.2　比较社会学研究的实践意义　9

1.3　比较社会学的研究方法　9

1.3.1　调查研究　10

1.3.2　实验研究　11

1.3.3　文献研究　12

1.3.4　实地研究　13

第 2 章　比较社会学研究的理论基础 …………………………………… 16

2.1　比较社会学概述　16

2.1.1　比较社会学的研究对象　16

2.1.2　比较社会学的研究领域　17

2.1.3　比较社会学研究遵循的原则　19

2.1.4　比较社会学的功能　20

2.2　比较社会学的经典理论研究　22

2.2.1　卡尔·马克思社会学理论　22

2.2.2　E. 迪尔凯姆比较社会学理论　28

2.2.3　M. 韦伯的比较社会学理论　30

2.2.4　A. R. 拉德克利夫－布朗的比较社会学　32

2.3　现代比较社会学理论研究　33

2.3.1　派深思的比较社会学研究　34

2.3.2　斯美舍、本迪克的比较社会学研究　34

2.3.3　艾森斯达特的比较社会学研究　35

2.3.4　默尔的比较社会学研究　35

2.3.5　华勒斯坦的理论　36

2.4　现代化理论　36

第 3 章　社会流动的国际比较 …………………………………………… 39

3.1　社会流动概述　39

3.1.1　社会流动理论解读　39

3.1.2　社会流动的功能　42

3.1.3　社会流动的标准　44

3.1.4　社会流动机制　45

3.2　社会流动视野下的中国与世界　47

3.2.1　当代中国的社会流动　47

3.2.2　当代世界的社会流动　52

第4章　社会阶层结构比较研究 …………………………………… 55

4.1　社会阶层结构理论解读　55

4.1.1　社会阶层结构内涵的界定　55

4.1.2　社会阶层形成的理论依据　57

4.2　中外社会阶层结构变迁轨迹　60

4.2.1　国外主要国家社会阶层结构变迁轨迹　60

4.2.2　中国社会阶层结构的变迁　64

4.3　国内外社会阶层结构的比较与启示　66

4.3.1　社会阶层结构特征分析与比较　66

4.3.2　启迪与借鉴　68

第5章　文化产业建设的国际比较 …………………………………… 70

5.1　文化产业理论研究　70

5.1.1　西方文化产业的理论渊源　70

5.1.2　马克思关于精神生产的理论　72

5.1.3　文化产业概述　77

5.2　国外文化产业发展现状与模式　84

5.2.1　国外主要国家文化产业发展现状　84

5.2.2　国外主要国家文化产业发展模式　86

5.2.3　国外文化产业发展趋势　93

5.3　国外文化产业比较及其对我国的启示　99

5.3.1　国外文化产业比较　100

5.3.2　中国文化产业发展战略目标和政策选择　105

第6章　社会制度发展与借鉴研究……………………………… 116

6.1　社会制度理论的形成　116

6.1.1　社会制度思想的萌芽　117

6.1.2　社会制度思想的形成　123

6.1.3　社会制度思想的发展　130

6.2　社会制度的基本要素与功能　138

6.2.1　社会制度的基本要素　138

6.2.2　社会制度的基本功能　143

6.3　社会制度的变迁　146

6.3.1　社会制度变迁的原因和动力　146

6.3.2　社会制度变迁的过程与方式　147

6.3.3　社会制度变迁的条件与实现　148

6.4　社会制度发展理论对我国的启示　149

6.4.1　制度建设要有充分的自觉性　149

6.4.2　制度建设要坚持正确的理论指导　150

6.4.3　制度建设必须恪守“人民性”　150

6.4.4　制度建设需要提高完备性和权威性　151

第7章　社会现代化发展比较研究……………………………… 152

7.1　社会现代化理论的提出　152

7.1.1　社会现代化的含义、内容和特征　152

7.1.2　社会现代化理论的发展　156

7.2　三种现代化发展模式　163

7.2.1　原发式　164

7.2.2　后发式　167

7.2.3　新发式　170

7.3　中外社会现代化发展的比较与借鉴　171

7.3.1　中外社会现代化发展模式的异同　171
7.3.2　中外社会现代化发展模式经验借鉴　174

第8章　关于全球化背景下的社会形态问题……………………………… 182
8.1　全球化的矛盾　182
8.1.1　全球化的内涵及其发展　182
8.1.2　全球化多元政治与多元文化诉求的矛盾　184
8.2　全球化背景下的民族国家　190
8.2.1　民族国家的内涵　190
8.2.2　全球化对民族国家的影响　192
8.3　全球化背景下的文明与文化　198
8.3.1　关于文明与文化的关系　198
8.3.2　文明与全球化的发展　204

参考文献…………………………………………………………………… 210

第 1 章

走进比较社会学

1.1 比较社会学的理论视野

1.1.1 比较社会学研究的思想流派

距 E. 迪尔凯姆提出比较社会学这个学科名称已经有一个世纪了，但由于 E. 迪尔凯姆把比较社会学等同于社会学本身，因而一个世纪以来，比较社会学的发展受到了一定程度的影响[①]。美国印第安纳普度大学社会学系蔡文辉教授，长期从事比较社会学的研究和教学，对欧美比较社会学的研究现状有很精辟的论述。根据强调的是时间序列上的比较还是空间地域上的比较，蔡文辉教授把比较社会学概括成两大支派，即历史学派的比较社会学和经验学派的比较社会学[②]。

历史学派的比较社会学以艾森斯达特等人为代表。这个学派的学者主张社会学应进行时间序列上的比较。也就是说，通过对不同历史时期的社会制度的比较，来追溯社会制度渊源并分析其功能。他们强调时间

① 迪尔凯姆. 自杀论[M]. 杭州：浙江人民出版社，1988.

② 蔡文辉. 比较社会学[M]. 台北：东大图书公司印行，1989.

变数对社会现象和社会行为的影响。他们认为社会学的许多概念都必须依赖历史的分析来说明其发展过程才有意义。当然历史学派的研究范围并不只局限于单一社会或单一文化地域,但他们对两个或两个以上社会进行比较时,所关注的是不同社会在一定历史阶段内的社会变迁。

经验学派比较社会学是以麻什等人为代表。这一学派的学者注重经验资料的搜集和比较分析。他们认为只有超越某一特定社会的研究才能建立一套科学、可信赖的理论。他们主张比较社会学的主要任务应该是寻求以不同社会资料来证明和建立社会学理论的普遍性和通用性。因此,比较社会学的重点应放在每一个社会都有的社会制度和社会现象的分析上,以便寻求它们之间的共同特征。这一学派虽然以寻求人类行为和社会规范的一致性和类同性为着眼点,但并不停留于此,他们还寻求蕴含在“一致性”表层下面的差异。也就是说,某些社会制度虽然共同存在于不同社会,但每一个社会对这个制度的安排原则和该制度在这个社会里所起的功能是不同的。因此,他们主张比较社会学必须进一步探讨和分析可能存在的差异性,进而由这些差异性求证于理论。麻什的比较社会学的特点是他强调比较社会学的独特性。他认为比较社会学是对两个或两个以上社会所搜集的资料所做的系统性比较,而由两个以上社会所搜集的资料与由单一社会所搜集的资料有很大的不同。因此,不能把比较社会学与一般社会学混为一谈。

比较社会学除了上述蔡氏所归纳的两种派别外,还有两种不同的比较社会学,即理论社会学派的比较社会学和社会人类学派的比较社会学。

理论社会学派的比较社会学是指对不同社会学理论的比较。这类比较社会学的研究可以从加藤正泰的著作里得以概括。加藤正泰是日本唯一一位出版比较社会学概论性专著的社会学家。他出版了《比较社会学论》《比较社会学展开》《社会学比较方法》等三本专著。在他的《比较社会学论》里,把比较社会学的研究领域概括成三条:第一,通过对不同的社会学理论的比较,研究其理论的异同和影响;第二,通过引入比较法,使社会学研究的理论系统化;第三,从比较史的角度,对各国文化进行实证研究。第三条虽有点历史学派比较社会学味道,但加藤正泰三本书的内容主要是前两条,第三条的内容几乎没有。这个流派在比较社会学里属于少数派,实际上他的比较社会学叫作社会学史或社会思想史。

社会人类学派的比较社会学是以 A. R. 拉德克利夫 - 布朗为代表的比较社会学,也就是社会人类学的比较方法。所谓"社会人类学"是以个别社会为主要研究对象,通过对诸多个别社会的比较,弄清人类社会普遍的基本性质的学科。布朗去世后,社会人类学里不再使用"比较社会学"这个名称。但他的理论思想被后人所继承和发展,比较方法仍然是今天社会人类学的主要方法。社会人类学注重不同社会的比较,这一点与经验学派的比较社会学相似,但侧重点不同:前者主要以非西方和简单社会或异己民族为研究对象,后者则主要以西方社会和复合社会为研究对象;前者比较研究材料主要来自实地研究,而后者主要来自抽样统计。近年来两者虽有趋同倾向,但仍然存在明显的差异。自功能学派人类学出现之后,社会人类学领域里出现了不少不贴"比较社会学"标签的"比较社会学家",也出现了大量的比较研究的著作,如 A. R. 拉德克利夫 - 布朗著《原始社会的结构和功能》(1952)、A. R. 拉德克利夫 - 布朗和福德合编的《非洲亲属和婚姻体系》(1950)、中根千枝著《社会人类学—ァジァ诸社会の考察》等[①]。

1.1.2　比较社会学研究的发展历程

比较社会学一词出现于 1895 年,可以说比较社会学一词几乎是与社会学这门学科的创立同时出现的。在这长达一个世纪的时间里,社会学及其分支学科得到了相当的发展,而唯独比较社会学却停滞不前。从 19 世纪末到 20 世纪初,比较研究成为社会学的主要方法之一,比较社会学

---

① 中根千枝. 社会人类学—ァジァ诸社会の考察[M]. 东京:东京大学出版社,1987.

已成为相对独立的一门分支学科。其主要代表人物是法国的 E. 迪尔凯姆和德国的 M. 韦伯。E. 迪尔凯姆认为各种社会事实是社会学的研究对象,为了从理论上论证科学地解释社会事实的可能性,他强调指出必须使用比较研究方法。他断言比较研究有助于解决社会学的所有理论问题。因此,社会学必然是一门比较的科学。在其名著《自杀论》中他实践了自己的方法原则,通过对各种相异社会的自杀现象进行大量的比较研究以考察自杀现象的共性与个性。M. 韦伯把社会学定义为理解人的行动的科学。其代表作是《新教伦理与资本主义精神》,他充分地运用了比较研究方法,分析了工业革命为什么首先发生在英国而没有首先发生在中国、印度等文明古国。通过详细比较,他认为是新教伦理创造了资本主义精神,促使资本主义经济的兴起和发展①。可见,在西方社会学形成时期,比较方法已经与社会学的理论、实践紧密结合在一起,并形成一门相对独立的分支学科,甚至在迪尔凯姆那里将比较社会学看成是社会学本身。

19 世纪末,E. 迪尔凯姆提出了比较社会学这个名称,但却把它等同于社会学本身。进入 20 世纪之后,A. R. 拉德克利夫 - 布朗忠实地继承了 E. 迪尔凯姆的社会学思想,奔波于世界各地讲授比较社会学,而他所讲的比较社会学却是社会人类学。第二次世界大战之前,在社会学领域里比较社会学可以说是无人问津的分支学科。第二次世界大战后,比较社会学逐渐进入对文明社会的研究,其比较研究的视野也扩展到对文明社会之间的比较研究领域。正如人类学家福斯特和堪普所指出的,历史上人类学经历了三次革命:第一次是从 19 世纪中期开始,只研究无文字记载的原始民族(简单社会);第二次是 20 世纪 20 年代至 40 年代,以库珀对广东凤凰村的调查(1925 年)、林德夫妇的中镇调查(1920 年)以及费孝通教授的江村调查(1936 年)等为代表进行的乡民社会的研究;第三次是以 20 世纪 50 年代,英国社会人类学家对非洲城镇的调查为标志,成

① 马克斯·韦伯. 新教伦理与资本主义精神[M]. 北京:三联书店,1987.

为人类学研究现代都市社会的开始。事实上,人类学家由于巧妙地结合了整体的、跨文化的与进化的研究,创造了人类学研究当代社会诸多问题的模式。

社会人类学以各个社会为最主要的研究对象,通过对这些社会的比较,阐明人类社会普遍的和基本的性质。可以说其研究的核心就是“社会结构的比较研究”。社会结构是指在社会中指导人们行为的原则或规范,一个社区的社会结构包括当地人们组成的各种群体和他们所参加的各种制度。我们所说的制度是指一套社会关系,这套关系是由一群人为了要达到一个社会目的而共同生活所创造的。我们可以看到,作为群体和制度的社会结构都是以一定的原则为基础的。性别、年龄、地域、亲属是一切人类社会结构的最基本的要素。马凌诺夫斯基确立了现代人类学田野调查的方法,而同时代的 A. R. 拉德克利夫 – 布朗创造出一套非常有效的社会比较的方法。可以说,现代社会人类学是由他俩确立的,这一学科的基础就是田野调查与社会比较。布朗主张,社会人类学应采用比较方法,这种方法是新社会人类学区别于旧社会人类学的主要特征。所谓比较方法,就是自然科学中的归纳方法在人类文化研究中的应用。布朗认为,社会人类学基本上是对社会生活的不同形式、原始社会相互之间、原始社会与那些我们没有历史资料的古代社会之间、原始社会与今天的发达社会之间的比较。

A. R. 拉德克利夫 – 布朗的观点受马凌诺夫斯基以前的 E. 迪尔凯姆的影响很大,甚至就连概念和语言也更多地沿袭了 E. 迪尔凯姆。不过,布朗重视支撑理论的关于资料的直接调查,认为“田野”和理论不能分开进行,强调它们之间密切的联系性,而这是 E. 迪尔凯姆所没有的。因此,社会人类学崭新方法论是以这些社会人类学者的积极活动为中心的,在以后的 20 年中基本上形成了社会人类学的黄金时代。

与英国的社会人类学相对应的美国文化人类学,在社会比较研究方面,把对个人与社会的比较研究的方法拓展到对现代国民性的研究领域。

美国人类学家本尼迪克特创建文化模式的概念，并用以研究文化的结构和类型，其名著《文化模式》的出版标志着科学的民族性或国民性研究的诞生。第二次世界大战开始时，大批人类学家参加对敌国国民性的研究，其中最著名的研究者除本尼迪克特、米德之外，还有克拉克洪、莱特、欠特森等。本尼迪克特的《菊花与剑》就是这种研究的产物，该书在调查的基础上对于日本的国民性有细致入微的分析，如当时包括本尼迪克特在内的人类学家认为，废除日本的天皇制度只能引起强烈的反抗。这一意见为美国政府所接受，当 1945 年日本战败后天皇制并没有被废除。1945 年以后，在国民性研究方面最引人注目的为华裔人类学家许烺光教授，其重要著作《美国人与中国人》《宗族、种族与俱乐部》及《家园——日本社会的精髓》等成为文明社会比较研究的佳作，而默多克(G. P. Murdock)的《社会结构》被认为是 20 世纪在全球范围内进行社会文化比较研究的经典之作。默多克以全世界 250 个社会的民族志资料为基础，运用统计手段，采用比较研究方法论述了他的亲属理论与社会结构的关系。

此外，在英国、日本、荷兰、墨西哥等国，人类学家也都受到不同程度的重视。第二次世界大战结束后，美国提出“重建战后残破世界”的口号，声称要援助发展中国家，帮助其实现现代化。于是一些应用人类学家奔赴世界各地，尝试用人类学知识改变落后地区人们的命运。人类学的这种应用性的比较研究对社会学的比较研究也是一个刺激。因此，在第二次世界大战结束后有关比较社会学的研究大量增加。由于世界殖民体系的瓦解，人类学的研究开始由对异文化的研究逐渐转向对本文化的研究，开始探讨国内的一些现实问题，本土人类学开始兴起。在获得独立的不发达国家中，人类学在应用研究方面主要关心社会稳定、经济增长、人口控制、社会发展，以及工业化和都市化所引起的问题。这对于社会人类学来说是一次质的转变，特别是在比较社会学领域，社会学和人类学的分界被彻底地打通了。有的学者在总结美国社会学的发展时，认为美国社会学的最近的突破并不是统计方法的突破，而是对社会学的比较研究的重新认识和重新发现。

综上所述,比较社会学是一门对各种社会现象的异同进行比较以揭示事物发展特殊规律和一般规律的分支学科。其研究范围既包括对跨社会资料的比较,又有对某一社会内部结构的比较;既有对社会整体的比较,又有对社会内部各层次的比较;既有对现实社会问题的比较,又有对社会学理论、方法的比较。比较社会学在社会学学科建设中起着重要的作用。

1.1.3　比较社会学的研究范式

比较社会学在对“社会结构”的考察中,所谓“社会”的单位假设是必要的。这里所说的社会不是哲学上一般化、抽象化意义上的社会,而是具体的每个社会。它是由被编入共同组织的人类集团组成。如果成为社会的一位成员,便有应当遵守的规范和一定的规则范围,并由此来组成区别于其他“社会”的单位。从像村落这样小规模的社会到像国家那样大规模的社会都有各种标准。正如费孝通先生所言:“社会是指群体中人与人相互配合的行为关系”。研究的基础是个人和个人、个人和集团以及由个人组成的集团和集团之间的关系。这种“关系”在构成社会(或文化)的诸要素中是最难变化的部分。如中国社会,20 世纪 50 年代以来在物质、技术、政治、意识形态等层面都发生了重大的变化,但人们的日常交际和人与人的交往,特别是农村的社会结构和社会关系等并没有发生结构性的变化。

因此,在对一些具体的社会进行比较研究时,作为比较研究的前提,首先是研究者应有问题意识。比较异质的东西就是要区别“己”和“他”,同时还要超越“己”和“他”。如果比较研究者有这种意识,在探究社会事实的因果关联时,比较研究的规模越大,应同时考虑的其他情况的范围也就越广,这就需要有广泛的历史知识。进行比较研究的时候,重要而且困难的是如何使经济、政治、法律和宗教等各领域彼此关联以及如何掌握整体结构。此外,比较首先应在各个类别中进行,但领域之间的关联才是社会科学所面临的问题。因此,比较研究要注意类和类之间的异同和关联,这就涉及一个"推"字和一个"域"字。所谓"推"强调在类与类之间不是静态的,它还有一个"推己及他、推他及己"的动态结构。而"域"就是在此基础上要超越学科领域和地域限定,整合出一新的"域"外之"类"。

总之,由于社会学与人类学学科的发展,不断地刺激着比较社会学在理论和方法上的进一步完善;与此同时,历史社会学和地域研究领域的拓展也逐渐成为比较社会学得以发展的关键因素之一。因此,对比较社会学的理论与实践的探讨应以问题意识为出发点,用历史的、经验的、发展的观点分析、研究不同的社会事实,从中认识比较社会学的合理内涵。以此为基础,在社会、文化、民族、国家与世界体系的概念背景下,以一种对本土的悟性,来建构我们的知识体系和概念体系。

1.2 比较社会学研究的意义

随着全球化、区域化以及文化认同之间关系的发展,比较社会学的研究对象又被赋予了新的内涵。有的学者认为,全球化在破坏不同文化之间的边界,在破坏文化多样性。而作为对全球化的回应,萨林斯提出,"我们正在目睹一种大规模结构转型进程:形成各种世界文化体系、一种多元文化的文化。"这一"多元文化的文化"就是一种"文化 + 文化"的现象。这一具体的事实就是本土的或地方的文化认同、地方共同体主义以及多元民族社会的民族主义在世界不同的国家和地区出现了复苏、复兴和重构的势头。而作为全球体系之中的地方社会或族群,常常在文化上表现出双重的特点,即同质性与异质性的二元特点。因此,对于全球化过程中不同社会同质性与异质性的研究,比较社会学的研究具有重要的理论和实践意义。

1.2.1　比较社会学研究的理论意义

比较社会学在理论方面的作用体现为两个方面：一方面是向人们提供科学的社会知识，告诉人们社会现象是什么（描述）、为什么（解释）、将来怎样变化（预测）；另一方面是比较社会学不但提供现成的社会知识，而且通过提供社会学的视角、社会学的方法，帮助人们获得新的社会知识，帮助人们树立科学的社会观，为人们最终选择“应该怎么样”提供理论上的帮助。

1.2.2　比较社会学研究的实践意义

比较社会学在实践方面的作用体现为两个方面：一方面是比较社会学在帮助人们掌握科学的社会知识的基础上，进一步帮助人们维护和改善现存社会结构、社会制度，改革不利于社会发展的社会体制，避免盲目性，增强自觉性，使自己的社会行动更加合理，更加符合规律；另一方面是比较社会学以自己的研究成果，对科学地管理社会和制定正确的社会政策提供有依据的、经过论证的实际建议，为改革开放服务，为发展社会主义市场经济服务，促进社会的良性运行、协调发展。

1.3　比较社会学的研究方法

从近代开始，学者们一直在讨论科学的本质。德国哲学家莱布尼茨较早指出，数学的本质不在于它的对象，而在于它的方法。在社会学的研究中，始终认为学科之间的区别并不在于研究对象的不同，而在于研究方法的不同。因此，可以说科学的本质并不在于它的对象，而在于它的方法。人类的活动一般包括三个要素：一是目的，二是前提（条件），三是方法。而方法在这三者中是最为关键的。对于科学研究者而言，研究方法在很大程度上决定着研究的价值。

在社会研究中,研究者可以选择的研究方法主要有四种:调查研究、实验研究、文献研究、实地研究。由于每一种研究方法的存在逻辑、所回答的问题类型,以及我们应用它们来研究社会现象及人们的行为时所具有的优点和局限性各不相同,因而在具体应用上也应有所选择①。

1.3.1 调查研究

调查研究的方法是指采用自填式问卷或结构式访谈的方法,系统地、直接地从一个取自总体的样本那里收集量化资料,并通过对这些资料的统计分析来认识社会现象及其规律的社会研究方法。这是社会学者在实际研究中采用得最多的一种研究方法,它在整个社会研究方法体系中占有非常重要的地位。概括地说,研究内容的广泛性、资料获取的及时性、描述的全面性和概括性、实际运用的普遍性等,是调查研究方法的主要特征。询问是调查方法中主要的资料收集方法;而抽样、问卷、统计分析则构成调查研究方法的三个基本元素,同时也是从事调查研究的三个关键环节。《定县社会概况调查》就是调查研究的代表作之一,这是早期的社会调查研究作品。全书分为17章,包括地理、历史、县政府以及其他地方团体、人口、教育、健康与卫生、农民生活费、乡村娱乐、乡村的风俗与习惯、信仰、赋税、县财政、农业、工商业、农村借贷、灾荒、兵灾,是一部大型调查报告。它是以定县整个县为范围,内容包括全县的"一切社会情况",此书资料之详细是少有的。它的调查研究方法,一方面延续了西方传统的社会调查方法;另一方面又充分利用了中国地方志所特有的结构和格式,并有所改进。

调查研究与实验研究、实地研究等方法相比,主要有以下优点:(1)调查研究的方法可以兼顾到描述和解释两种目的。它既可用来描述

---

① 风笑天.社会学研究方法[M].北京:中国人民大学出版社,2001.

某一总体的概况、特征，以及进行总体各个部分之间的比较，同时，也可用来解释不同变量相互之间的关系。(2) 调查研究方法严格、规范的操作程序，使得其研究结果具有较高的信度，即描述和概括事物的精确性较高。(3) 调查研究还可以迅速地、高效地提供有关某一总体的丰富的资料和详细的信息，在了解和掌握不断变动的社会现象方面具有很大的优越性。(4) 调查研究所具有的定量特征和通过样本反映的总体特征，使得其应用范围十分广泛。

同时调查研究也有一些缺点：(1) 在探讨和分析变量之间的因果关系方面，它不及实验研究方法。(2) 在对事物理解和解释的深入性方面，以及在研究的效度方面，它又不及实地研究。(3) 在研究的反应性方面，它也不及文献研究的方法。(4) 同时，它所采用的自填式问卷或结构式访谈的形式，无形中都限制了被调查者对问题的问答，使所得的资料比较表面化、简单化，很难深入被调查者的思想深处，很难感受到回答者思想和行为的整体生活背景。在这方面，调查研究远不如实地研究。

1.3.2　实验研究

实验研究的方法越来越多地应用于社会学调查研究中。实验是一种在高度控制的条件下，通过操纵某些因素来研究变量之间因果关系的方法。在实验过程中，研究者通过引入、控制或操纵某个变量，同时观察另一个变量所发生的变化，以此来探讨不同现象之间的因果关系。从方法论上看，实验是定量研究的一个特定类型，它比其他几种社会研究方法更直接地基于实证主义的背景和原理。尤其是在检验变量之间的因果关系方面，实验研究具有最强的力量。实验研究方法的本质特征在于对研究的控制。可以说没有控制就没有实验。实验需要控制场景、控制对象、控制操作程序、控制测量方法，即实验是一种需要"人工制造"的研究方法；这和调查研究中那种仅仅只对现实社会现象进行"自然的采集"的做法是大不相同的。实验组与对照组、自变量与因变量、前测与后测，是构成实验研究的三组基本元素。

实验研究同样有其优缺点。实验研究的方法在建立变量之间的因果关系方面,优于其他几种研究方法。但它的这一主要优点却是以其在必备条件、操作程序、环境控制等方面的各种限制为代价的。在实际社会研究中,除了霍桑效应那样的带有方法论意义的影响因素外,实验的正确性还受到某些特定因素的影响。其中比较突出的问题有以下几个:(1)大事件的影响。在出现某些与实验内容关系密切的重大事件时,实验对象在态度、观念、价值及行为上所发生的变化,不一定全部是由于实验刺激的作用所致,很可能是由实验刺激与其他因素共同作用的结果。(2)实验对象的发育所造成的影响。(3)前、后测环境不一致的影响。(4)初试－复试效应的影响。(5)实验对象选择和缺损的影响。

1.3.3 文献研究

文献研究是一种与其他几种方法在策略、思路、材料等方面都风格迥异的研究方法。这种方法的最大特征是不接触研究对象,它主要利用第二手资料进行研究,因而具有很明显的间接性、无干扰性和无反应性。根据研究的具体方法和所用文献类型的不同,可以将文献研究划分为内容分析、二次分析和现存统计资料分析三种。内容分析是一种对文献内容进行客观、系统和定量描述的研究技术,它在程序上与调查研究的方法相似,抽样和编码是内容分析方法中两个十分关键的环节;二次分析是直接利用其他研究者为其他目的所收集的原始数据资料进行新的研究,这种方法省力省钱,但关键是能否找到合适的原始数据资料;现存统计资料分析是对各种官方统计资料进行的分析研究,与二次分析所不同的是,它利用的不是其他研究者收集的原始数据,而是各种政府部门所公布的基本统计资料。

文献研究有如下优点:(1)无反应性。文献研究不会打扰研究对象,也不会对这些研究对象产生影响。(2)费用低,省钱省时。因为它所用的资料往往只需通过借阅、复印等形式就可得到。(3)可以研究那些无法接触的研究对象。例如,如果我们要研究某一历史时期中的人们或事件,而这些人早已离开人世,这些事件也早已成为历史。(4)适于做纵贯分析。随着时间的流逝,各个不同历史时期的社会现象和社会生活,或多或少总会以各种不同的文献形式记录和描述下来。(5)保险系数相对较高。在内容分析中,弥补过失比其他研究容易得多,只需要对所用的资料重新进行编码或者进行统计处理,而不是一切都从头开始。

文献研究也有如下缺点:(1)许多文献的质量往往难以保证。社会研究所用的文献资料参有编制人的主观意图、个人偏见,还有他们所遇到的客观限制,都不可避免地会影响到他们对文献内容的取舍和对文献形式的安排。(2)有的资料是不易获得的。由于许多文献都不是公开的和可以随意获得的,因此对于某些特定的社会研究来说,往往很难得到足够的文献资料。(3)许多文献资料由于缺乏标准化的形式,因而难于编码和分析。(4)效度和信度存在一定的问题。由于缺乏相对客观的标准,因而这一过程中又常常存在着编码的信度问题,特别是当编码人员不止一人时,这种问题更容易出现。

1.3.4　实地研究

实地研究是一种定性的社会研究方法。它通常以参与观察、个案研究的形式进行。其基本特征是深入到所研究对象的生活环境中,作为其中的一员与他们共同生活一段相当长的时间,通过参与观察和询问,去感受、感悟研究对象的行为方法及其在这些行为方法背后所蕴藏的文化内容,以逐步达到对研究对象及其社会生活的理解。实地研究者往往力求从所研究的对象的角度,而不是从局外观察者的角度来认识和了解社会世界。实地研究者通常要经历一个“先融进去”进行调查、“再跳出来”恢复中立进行研究的角色转换过程。实地研究的目标更多的是建构理论,而不是去检验理论。材料的深入性、全面性与真实性是实地研究成功的基础,也是实地研究构建理论的最有说服力的论据,可以说是实地研究的独特魅力所在。

实地研究因为其方法论上的独特性,有其不可替代的优点:(1)适合在自然条件下观察和研究人们的态度和行为。这种方法特别适合那些不便于或者不可能进行简单的问卷调查的社会现象和问题。(2)研究的效度较高。相对于问卷调查中最大的问题——表面化、简单化现象,实地研究的深入观察,设身处地地感受、理解,具有很高的效度——研究者所处的环境正是他(她)所希望测量的概念或现象。(3)方法比较灵活,弹性较大。相对于实验研究和调查研究,可以随时修正研究的目标和设计。(4)适合研究现象发展变化的过程及其特征。尤其是在对个人或小群体的研究中,这种优点更为明显。

作为人类学的主要调查方法,它在社会学的应用中也存在不足之处:(1)概括性较差。因得到的基本是定性资料,在很多情况下是以个案为对象,因而其资料既难以进行定量分析,也无法概括大的总体。(2)信度较低。尤其是在小城镇研究和区域发展研究中,有些仅以地方政府部门的工作总结为主要资料。靠这种资料得出的研究结果往往既有其描述范围有限的弱点,又存在片面反映社会现实的可能性。这类研究中规范性和科学性的问题显得更加突出。(3)对研究对象的影响。观察者自己是观察者正在观察的对象的一部分。无论是参与观察还是实地访谈,研究者的参与本身对其所研究的对象都会造成影响。(4)所需时间较长。(5)伦理问题。这一问题主要是针对参与观察中隐藏研究者身份的做法提出的。它所包含的实际问题如下:第一,研究者有没有为了研究的目的而欺骗研究对象的权利;第二,研究者作为社会的成员,应不应该为了研究而采取欺骗研究对象的做法。这些都有待于我们在方法的进一步完善中寻找解决办法。

总之,社会学调查开创了一个新境界,推进了社会学在方法和方法论方面的发展。不论使用哪一种调查方法,我们都必须实事求是,以事实为依据，不能主观臆测，引导被调查者按照自己的主观思路进行；并要丰富自己的理论知识和实践经验，这样才能做到有的放矢，应付各种突发性的事件和复杂问题，成为一个合格的调查者。

第 2 章

比较社会学研究的理论基础

2.1　比较社会学概述

2.1.1　比较社会学的研究对象

《当代西方新兴学科词典》对比较社会学的定义是，通过将两个以上社会的社会学时间资料进行比较研究，探讨其共性和差异性，进而阐明社会发展变迁的条件和规律的一门社会学分支学科。社会学是以人与人之间的互动为研究对象，而比较社会学就是将社会中的某些因素进行比较。

每一门学科都有特定的研究对象。社会学于 19 世纪 30 年代由 A. 孔德创立，如今已发展成为社会科学中一门体系庞大、领域众多、应用广泛的综合性学科。但社会学的研究对象问题至今仍是争论不休。社会作为研究对象总有一个时空形态。从空间来讲，任何事物都存在于社会之中，比如政治学、经济学、法学、历史学、人类学、心理学。而从时间上看，什么活动都是社会性的，因此社会不是单列出来的，而是作为各种因素渗透或融入各种活动中的。对社会的定义，几乎所有的社会学家都有自己的界定。纵观社会学发展的历史，各派社会学家对社会学的研究对象有三种截然不同的出发点。

第一种是从社会出发。多数学者从社会整体、社会现象、社会生活角度来界定社会学研究对象。A.孔德曾说:“现在需要把社会现象的研究纳入实证哲学之中,从而使之完备,然后归纳为一个统一、系统的整体。”[①]他将整个社会作为社会学的研究对象。他认为社会学是研究人类社会的科学,并将社会学研究的主题划分为社会静力学和社会动力学两大范围。

第二种是从人出发。有的学者将社会学研究对象转移到人的行为、人的关系上,从而使社会学的研究对象开始注重“行为”“关系”方面。M.韦伯把人的社会行动作为社会学的研究对象。他在《经济与社会》一书中指出,社会学要认识的是社会行动,要从根本上说明社会行动的过程和影响[②]。

第三种是从人和社会的相互关系出发。有的学者以人和社会的相互关系作为社会学的研究对象。如赵履宽、王子平在他们所著的《劳动社会学概论》一书中指出,社会学是对人和社会进行综合性、总体性研究的一门具体的社会学科。

2.1.2　比较社会学的研究领域

总体来说,比较社会学在于寻求以不同社会资料来证明和建立社会学理论的普遍性和通则性。基于此目标,比较社会学的研究已涉及了产业、政治、阶层、流动、城市等社会学的广阔领域。比较社会学的研究着眼点应放在那些几乎每一个社会都具有的共同社会制度和社会现象上,寻求其共同的特征。这些包括:社会阶级和分工制度、家庭婚姻规范、宗教信仰制度、政治制度与领袖权威体系,以及社会文化变迁等。

一类学者是将比较社会研究视为社会研究本身,就是把社会研究看

① 贾春增.外国社会学史[M].北京:中国人民大学出版社,2010:23.

② 马克斯·韦伯.社会学的基本概念[M].顾忠华,译.桂林:广西师范大学出版社,2005.

作比较研究。E. 迪尔凯姆认为,社会学研究若要摆脱单纯描述而进入分析社会事实的境界,就必须进行比较。社会学就是比较社会学,两者唯一。安德斯基也认为所有社会学的研究都是比较社会研究。因为只有比较,社会学家才能证明研究假设正确与否,以支持或修正理论。因此从广义的角度来看,社会学对社会生活各部门和单位的分析就是比较分析。不过安德斯基也指出狭义的比较研究应是比较分析由不同社会所搜集的资料。加利福尼亚大学社会心理学家史万生认为,思考而无比较是不可思议的事。科学的思考和科学的研究不可能毫无比较。没有人会感到惊讶,比较是社会科学家的基础,而且其应用由来已久:比较角色、组织、社区、制度、社会以及文化。史万生监测的所有行为都要涉及比较:往昔形式与未来形式的比较、可能形态比较,以及普遍性与特殊性的比较。这类研究由来已久。

但是有些学者认为这种观点涵盖的范围太过广泛,而且也太过笼统、含糊。社会学的研究以及所有科学的研究都牵涉到某种程度的比较,这是不可否认的事实,但是如果把比较社会学定义放得这么广泛,就不能显出其特殊重要性。斯美舍虽然也承认第一种观点,但是他更倾向于把比较社会研究视为一种对于两个或两个以上不同性质或类型的社会单位的比较。它包括比较文化和比较国家的研究,因此,比较社会学是比较非类似的社会单位。欧维科和欧赫森两人则认为比较研究是指两个社会体系的比较,或一个社会体系在不同时期内的比较。他们两人的看法与斯美舍的定义很相近。二人合编的《比较研究法》的副标题是"讨论如何研究不同社会和文化里的相同问题"。可见重点是在超越国界和文化界限的比较。艾森斯达特也持这种观点。马许把比较社会学看作对两个或两个以上社会所搜集的资料做系统性比较。马许和上述观点的主要不同在于,他坚持比较社会学的独特性。因为经由两个以上社会所搜集的资料,与取自一个社会的资料有相当程度的差异,因此不能与一般社会学混为一谈。伯格也持此种观点。

2.1.3　比较社会学研究遵循的原则

尽管比较是我们从事社会学研究必要的方法,但也不是在任何情况下都可以应用比较法,其运用要符合一定的原则。

1. 可比性原则

进行比较研究时应注意社会单位的可比性,我们通常进行比较的单位是两个或两个以上的社会或国家,主要做宏观层面的对比分析。涂尔干曾列出了进行比较的三种情况:一是将单独的社会中发生的事实作为比较的材料;二是比较相同的社会类型中,各个社会所发生的事实;三是把不同社会类型中各个社会所发生的事实作为比较的材料。进行具体的比较分析时,比较的要素是有层次的,它们之间必须具有可比性,要求针对不同的对象,选择可比的方面和统一的标准进行比较。例如,比较两个不同地区的经济发展水平,就要通过一系列可以衡量其经济发展水平的指标,如人均 GDP、人均收入水平等进行对比。而要比较两个相同地区的社会发达程度,可用受教育程度、预期寿命等指标进行对比。

斯梅尔塞从方法论的角度提出了选择比较分析单位的五条标准:第一,分析单位必须适合于研究者所提出的那种理论问题。例如,布劳指出,如果研究者希望研究不同环境对规范组织的影响,将用于比较的分析单位就是组织本身,而不是它们的组成部分的作用和内部关系,因为理论问题的重点在前者。第二,分析单位应该与被研究的现象有确切的因果关系。库兹涅茨曾在一系列不同场合中指出,民族国家是分析经济发展的恰当单位。第三,考虑到对分析单位进行分类的标准——它们的"社会性"或"文化性"。从经验上看,这些单位实际上应该是不变的,以免掩盖变化的主要根源。第四,分析单位的选择应该反映与这个单位有关的资料的可利用程度。例如,从总体方面研究经济史,分析者实际上不能不选择国家作为分析单位,因为统计资料和其他各种证据通常都是以国家的名义收集的。第五,选择和分类分析单位的决定,应该以标准化的和可以重复的程序为基础，因为这些程序本身不会成为导致错误的重要根源。

2. 横向比较与纵向比较相结合的原则

横向比较是指对同一时期的不同对象进行对比分析，也可以在同类事物内部的不同部分之间进行对比。纵向比较是指对同一对象在不同时期的状况进行对比分析。这主要着眼于其历史发展，比如研究某一个国家的现代化发展的不同阶段的特征，或者研究中国农村在改革前与改革后的社会生活状况等。纵向比较侧重于分析事物的发展与变化，主要属于历史比较研究。研究不同国家或地区的社会发展水平，既可以进行横向比较，也可以进行纵向比较。横向比较与纵向比较都是不可缺少的，只是不同研究的侧重方面会有所不同。例如，《中国的现代化》一书，就是以纵向比较为主、横向比较为辅的。

3. 相同性比较与相异性比较相结合的原则

许多事物之间既有相同或相似性，也有差异性。进行比较分析的一个重要原则和目的，就是找出事物之间的共同点和不同点，从而加深对它们的认识，进行区别对待。对共同点的比较，目的在于把具有相同或相似性质的对象归入同类做分析，这样有助于概括事物的本质特征。而对事物差异的比较，有助于区分和鉴别事物的不同类型，分析各种类型的不同特点。从这一方向来说，在做比较前，应先对要比较的对象进行分类整理。“这是从根源上控制此后被研究现象变化的一种途径。分类通过确定各种现象本质上属于同一背景，从而使它们可以相互比较。因此，分类是种有可能转化操作性变量为参量常数的工作”，因此，分类与比较是密切相关的，分类是比较的基础，比较是为了更深入地认识事物。

2.1.4 比较社会学的功能

对于有效地促进社会的良性运行和健康发展而言，比较社会学具有如下不可替代的功能：

1. 有助于对社会实际状况的了解与把握

只有从社会的实际状况出发，才有可能形成正确的认识。这是一个常识。问题在于怎样才能做到这一点。就此而言，比较社会学可以以自己特有的研究视角、特有的研究内容让人们对于社会的实际状况有一个深刻的了解（现象的描述），进而又能有一个准确的把握（原因的解释）。

2. 有助于对社会发展和变化趋势的把握

同自然领域相比，在社会领域中，虽然由于人们各种动机的存在导致偶然性成分的色彩要更多一些，但是，社会的发展与变化毕竟是有规律可循的。正是从这个意义上讲，将两个以上社会的社会学时间资料进行比较研究，探讨其共性和差异性的比较社会学便可以得出一些预测。比较社会学不但具有把握社会发展趋势的功能，而且对于社会其他的一些变化，包括一些消极的社会问题的出现及变化也有着预测的功能。因此，为了防患于未然，有必要通过比较社会学的相关研究，建立起社会问题的预警系统，用来监测社会问题的具体状况，以便采取相应的对策。

3. 有助于合理而有效的社会经济发展战略和政策的制定

对于一个国家的发展来说，制定什么样的发展战略和政策是至关重要的。就此而言，比较社会学有着重要的意义。在制定发展战略中，人们有时很容易将重心偏于经济建设，而忽略了社会经济协调发展的重要性。而比较社会学可以提醒人们，在发展过程中，社会机体的各个组成部分，如经济、政治、文化、教育、科学技术以及社会结构之间应当保持着相互促进、共同生长的关系。任何单方面的长足进展都是不可能的。由此可见，在确定中国的社会经济发展战略时，不能简单地只是看重经济因素，而轻视其他方面因素的共同生长；否则，便会延误中国的整个发展进程。

比较社会学还提醒人们，在制定政策的时候，不应只是重视经济政策而忽略了社会政策。这种提醒是很有道理的。简单地说，经济政策侧重于经济效益和初次分配领域的事情，从一定意义上讲，经济政策体现了公正的机会平等的规则；而社会政策则是侧重于再次分配领域的事情，它在很大程度上体现了公正的人人共享、普遍受益的规则。显然,对于一个健全的现代社会来说,经济政策和社会政策缺一不可。经济政策固然十分重要,但是如果只是强调经济政策而忽略了社会政策,以经济政策取代社会政策,那么,这样的社会不可能是一个健全的社会,而只能是一个少数人受益、多数人的基本尊严和基本生活水准无法得到保证的病态社会,是一个社会焦虑不断加重、社会问题迅速增多、社会整合程度不断降低的低质量社会。

2.2 比较社会学的经典理论研究

自社会学创立之时起,社会学中就有了比较思想。从社会学创始人A.孔德、H.斯宾塞以及卡尔·马克思的理论中都可以看到比较观点的应用。但他们的比较思想主要体现在对人类社会进化过程的分类和解释上,不能算作真正意义上的比较社会学研究。他们的研究和理论为社会学这门学科的创立和发展奠定了基础。

2.2.1 卡尔·马克思社会学理论

1.卡尔·马克思比较社会学理论

在西方社会学思想史上,马克思的思想毫无疑问占有相当重要的地位。马克思的社会学思想重点在于建立一个既能够解释资本主义的起源,又可以开启人类未来的理论。与坚持“客观”的其他思想家不同,马克思深信社会科学的研讨与政治息息相关,应用理论指引行动。马克思强调物质因素在人类历史演变过程中的重要性。因此,决定人类社会生存与发展的主要因素是物质环境,而不是意识观念。这些物质因素决定了人与人之间的互动关系、社会形态、人类历史以及人类未来的前途。马克思指出人类社会具有三个共同特性:第一,人们必须从其物理环境里生产出维持生命和创造历史的物质。因为只有通过生产才能满足人们吃、穿、住、行的基本需求。因此,每一个社会都必须发展出满足人们基本要求的规范。第二,人们总有新的需求。这种新需求的产生是必然现象,也因此促使社会不断地改进其生产方式和工具以满足人们的需求。也就是说,生产与消费是互相影响的。第三,生产总牵涉到人与人之间某种程度的合作。马克思强调,这些合作大多数是被迫性的。因此那些拥有分配他人权利的少数人就会欺压和剥削多数人。二者冲突也就不可避免。

马克思按照上述这三种共同特性而发展出他对人类历史演变的解释观点,包括:第一,意志并不决定人与人的关系,而是物质上的需求、生产物质方式的改变会导致人与人关系的变化,进而导致社会的变化。第二,每一个社会都包含一个内部结构和一个超级结构,内部结构系指经济结构决定生产的方式,超级结构则包括意识、法律、政治、家庭以及宗教。第三,生产方式与人际关系之间的矛盾导致了社会变革。由于矛盾是无法根除的,所以社会就一直在变。第四,矛盾是所有社会过程的基本要素。矛盾并非始于外在因素,而是社会发展过程中内部必有的现象和特征。第五,矛盾可源于阶级冲突。贫穷是资本主义生产方式所带来的后果。第六,矛盾的后果将是革命。解决这些矛盾和阶级斗争的方式只有革命。不仅是政治上的革命,也是社会性的革命。因此,它必须是一种确切、实际的运动。第七,革命之后的社会将是一个无产阶级的社会。没有阶级,也没有政府。生产工具和物质的分配权属于社会里的每一个人,没有贫富之分。

马克思指出人类历史演变过程中因生产方式的改变造成的冲突矛盾在当代的资本主义社会里最为明显。资本主义因工业化而产生,而工业化则有两种相关的后果。他指出工业化的第一种结果是工人疏离感的产生。因为工业化的生产方式将一切自然性的人际关系,特别是家族关系都转变为“金钱关系”。疏离是一种对生命的空洞感与无力感。马克思强调工业技术的进步和资本主义的发展,使得工人的工作环境和工作关系趋向于隔离和疏远;高度的机械自动化生产,造成工人对其所直接接触的生产方法有一种失去控制的感觉而无法配合新的生产技术。工人在这种制度里只不过是整个生产体系的一小部分而已,与机器的其他零件并无差别。工业化所产生的第二种结果是一种革命阶级的出现。马克思相信资本家对工人的迫害和工人本身的疏离感必使无产阶级的工人产生共同意识,进而团结起来反抗资本家或资产阶级。这个阶级迟早会发动革命而创造一个完全平等的新社会。

马克思不仅探讨德国社会,也探讨整个人类社会发展历史。基本上,马克思对欧洲历史和非欧洲社会的兴趣在于探讨资本主义的起源以及资本主义产生的条件因素。他试图比较不同时代的不同工艺技术与生产技巧。更重要的是他认为可以用他的理论来解释所有社会的发展。社会与社会的不同特质可以在人们对生产方式安排的差别中显现出来。马克思所谓的生产方式不仅指生产工具的发明和使用,而且指人与人之间在生产体系里的来往关系。因此,马克思的比较研究并不是研究生产工具的工艺技术,而是在研究使用这些工具的人与人之间的关系的安排。据此,他划分出四种不同类型的生产方式和生产关系:

第一,亚洲的生产方式。马克思认为亚洲的生产方式最主要的特点是“私有土地的匮乏”。因此,没有个人主义,也没有反动思想,因为个人只不过是社区的一部分而已。在马克思的心目中,亚洲的生产方式是由一个高高在上的大帝国体系统治支配一大群小而孤立以及类同的农村而组成的。这种生产方式里面没有土地的私有权,也没有阶级,因此它是静态的生产方式。皇帝在上拥有全国土地,农民辛苦耕作将剩余农产品上缴纳税;每一个农村都是一个独立的单位,与其他农村甚少来往。因此,社会很少发生变革。只有当在上执政者推行经济革命时,社会才会变。

第二,远古的生产方式。马克思指出西方早期的远古社会跟亚洲社会最大的不同在于前者是动态和充满活力的。远古的城市基本上是由一群地主为了保护其土地与奴隶的拥有权而设立的。因此,地主必须是居民之一,也必须承担战争的负担。为了共同的利益,城市与城市之间常有联盟的合作,以抵御外敌。虽然在这种城市里也有商人与工匠的活动,但他们并不成气候,因为城市的活动中心是环绕着奴隶的使用设计的,没有什么必要去发展工业。

第三,封建的生产方式。马克思认为现代资本生产方式与前述三种社会最大的不同点是分工和交换价值的重要性。在从封建社会转变到现代资本主义社会的过程中,城乡分离了,工业与商业也分开了,而各种手艺行业也各自发展。这些分离导致商业的发达、金钱的使用,以及金钱财富的集中与积累,因而导致农村破产,农民更依赖市场和控制市场的商人,剥削因而产生。财产关系的重新分配、分工、商品的生产是现代资本主义与前述三种社会最大的不同点。而且在资本主义社会里,政府的角色已逐渐消退,不如以往那么重要。

通过上面的介绍,我们可以看出来马克思用来比较社会的四项变数:财产、分工、政府角色、生产目的。社会对这些变数的不同安排乃是导致不同社会结构与不同人际关系产生的原因。马克思的比较研究并不是一个家庭、一个村落或一个城市对上述四项变数的安排。经由这种比较研究,马克思提出了一个类似人类进化的阶段进程,也对不同社会的结构加以解释。他的比较方法基本上是由异而同,也就是以讨论不同点着手,而提炼出相同特征。从比较研究的观点来看,马克思的理论同时兼顾了历史法与比较社会法。他对经验统计数据资料的兴趣不大。他凭借他人的理论,去繁求简,并结合其自己的观点重新解释,描述多于求证。

2. 卡尔·马克思社会学发展理论

发展理论作为一门完整的学科,是从二十世纪六七十年代以后逐渐形成和发展起来的。但并非在此之前,没有关于社会发展的思想和理论。发展是一个伴随着人类社会全过程的永恒的主题。古今中外,不少思想家、理论家都在探索、研究这一问题,留下了许多宝贵的思想材料。马克思毕生都在关注和思考人类社会发展问题,从哲学、历史学、政治学、经济学、社会学、人类学等角度研究人类社会发展问题，形成了涵盖多领域、多学科、丰富而又深刻的社会发展理论。

马克思的社会发展理论属于社会哲学范畴，它的研究主题是社会发展的规律、机制、类型和道路。其基本特征表现在五个方面：确认实践是社会的本体和存在方式，时间是人类发展的空间；从客体的角度把社会发展区分为原生形态、次生形态和再生形态，从主体的角度把社会发展区分为人的依赖形态、人的独立形态和自由个性形态；从社会需要如何产生和满足的角度揭示了社会发展的内在机制，即物质生产、人的生产和精神生产维系着社会的生存发展；指出了从传统社会转向现代社会的途径；揭示了社会发展的基本类型。马克思社会发展理论科学地揭示了人类社会发展的客观规律，阐述了这一规律的普遍性与各民族、国家社会发展道路的多样性的辩证关系。这对于我们认识和把握现代化的发展规律和道路，具有重大的指导意义。

马克思一生对人类社会最重要的贡献之一，就是“发现了人类历史的发展规律”。整理、归纳马克思这方面的思想，主要有如下观点：人类社会是从物质生活资料的生产这个基础上发展起来的，“物质生活的生产方式制约着整个社会生活、政治生活和精神生活的过程”①；生产力发展水平决定生产关系状况，生产力与生产关系的矛盾运动推动社会的变革和发展；与生产力发展的不同阶段相适应，人类社会经历了几种不同的社会形态，“历史上依次更替的一切社会制度都只是人类社会由低级到高级的无穷发展进程中的一些暂时阶段”②；“历史向世界历史转变”的发展趋势，随着大工业的发展显得尤为突出，甚至可以说大工业“首次开创

---

① 中共中央马克思恩格斯列宁斯大林著作编译局. 马克思恩格斯全集(第13卷)[M]. 北京：人民出版社，1972：8.

② 中共中央马克思恩格斯列宁斯大林著作编译局. 马克思恩格斯全集(第21卷)[M]. 北京：人民出版社，1972：308.

了世界历史”[①],等等。

马克思在揭示人类社会发展规律时,充分肯定这一规律具有客观性。其一,强调物质资料的生产对人类社会的发展具有基础性、决定性的作用,但同时又指出,经济状况不是唯一的决定性作用,政治、法律、哲学、宗教、文学、艺术等,都互相影响并对经济基础产生作用;并不是只有经济状况的作用才是积极的,而其余的一切都不过是消极的结果;也并非经济状况自发发生作用,而是人们自己创造着自己的历史,尽管他们某种程度上处在受制约的环境中,是在既有的现实关系的基础上进行创造的。其二,指出人类社会历史进程始终受客观规律的支配,但人们在客观规律面前不是无能为力的,人们可以发现、认识、掌握从而自觉地利用规律来达到自己的目的。“社会力量完全像自然力一样,在我们还没有认识和考虑到它们的时候,起着盲目的、强制的和破坏的作用。但是,一旦我们认识了它们,理解了它们的活动、方向和影响,那么,要使它们愈来愈服从我们的意志并利用它们来达到我们的目的,这就完全取决于我们了。[②]”

马克思认为人类社会发展的规律既是客观的,又是具体的;社会历史进程要受共同规律的影响、制约,但具体的发展道路却是多种多样的。

马克思根据社会阶级关系的状况,把人类社会历史划分为无阶级社会阶段——阶级社会阶段——再到无阶级社会阶段;根据社会财产关系的特征,把人类社会历史划分为原始公有制阶段——生产资料私有制阶段——社会主义共产主义生产资料公有制阶段;根据人的发展和与之相适应的人与人之间(社会)关系的特征,把人类历史划分为以人的依赖关系为特征的社会形态——建立在以对物的依赖性为基础的以人的独立性为特征的社会形态——建立在个人全面发展基础上的以自由个性为特征

---

① 中共中央马克思恩格斯列宁斯大林著作编译局. 马克思恩格斯全集(第 3 卷)[M]. 北京:人民出版社,1972:68.

② 中共中央马克思恩格斯列宁斯大林著作编译局. 马克思恩格斯全集(第 13 卷)[M]. 北京:人民出版社,1972:308.

的社会形态;根据人类对(自然和历史的)客观规律的认识、把握和利用程度,把人类历史划分为必然王国和自由王国两大阶段。

马克思不但没有限定人类历史的发展只有一条共同的道路,反而还明确指出不同国家、民族历史的发展和社会形态的演进,可以采取不同的形式,走不同的道路。比如,马克思在研究西欧资本主义的起源和发展时,指出现实中资本主义雇佣劳动关系的产生有三条道路,即"在现实的历史上,雇佣劳动是从奴隶制和农奴制的解体中产生的,或者像在东方和斯拉夫各民族中那样,是从公有制的崩溃中产生的,而在其最恰当的、划时代的、囊括了劳动的全部社会存在的形式中,雇佣劳动是从行会制度、等级制度、劳役和实物收入、作为农副业的工业、仍为封建性质的小农业等的衰亡中产生的"①。

马克思社会发展理论把人的全面而自由发展确立为社会发展的最高目标和价值标准,并提出了人与自然界和谐共生、经济与社会协调发展的重要思想。马克思、恩格斯深切地关注人的发展、全人类的前途和命运,把人的全面而自由发展、全人类的解放,作为自己毕生研究的主题和为之奋斗的最高目标,作为衡量社会发展的最高价值标准。他们在对资本主义社会的揭露、批判和对未来理想社会的描绘中,提出了这一重要思想,认为代替资本主义社会的未来理想社会,不仅生产力高度发达,社会物质财富极大丰富,而且还应该消灭了阶级剥削、阶级压迫,人人自由平等,每个人都得到全面而自由发展,从而实现全人类的彻底解放。

2.2.2 E.迪尔凯姆比较社会学理论

E.迪尔凯姆可称之为比较社会学的鼻祖,他不但第一个提出了"比较社会学"这个名称,而且他的理论和思想对后来的注重比较研究的"社

① 中共中央马克思恩格斯列宁斯大林著作编译局.马克思恩格斯全集(第46卷)[M].北京:人民出版社,1972:14页

会人类学”的创立和发展产生了很大的影响。E. 迪尔凯姆的社会学方法可以认为就是比较方法。他在《社会学方法论》中指出,证明一种现象是否是另一种现象的原因,只有一种方法,那就是比较它们同时出现或者同时缺少的情形,考察它们在不同组合中的变化迹象,从这些变量中观察它们是否相互依赖。而且,当观察者像他(她)所期望那样能够人为地制造两种现象时,这种方法就是真正意义上的实验。与此相反,当观察者不能像他(她)所期望的那样制造事实,而只限于对自然产生的事实进行比较时,这时所用的方法就是间接实验或者叫比较方法。而且他又认为,社会现象确实很难在实验室里做观察。因此,比较方法就是唯一适合于社会学的方法。

E. 迪尔凯姆把可供比较的社会现象分成三个不同的层次。第一,可以将一个单独的社会中发生的事实作为比较的材料;第二,可以比较同一社会类型中各个社会所发生的事实;第三,还可以将不同社会类型中各个社会所发生的事实作为比较的材料。蔡文辉教授从三个方面概括了E. 迪尔凯姆的比较方法:历史比较、民族学比较和社会内部的比较。“历史比较”的重点在于分析社会现象的起源、发展过程以及结构的变迁。而“民族学比较”是指对两个或两个以上不同类型社会的社会事实进行的比较,也就是对上述第三种材料的比较。“社会内部的比较”是指对单一社会内部发生的不同事实所进行的比较,也就是对上述第一种材料的比较,如黑人和白人社会地位的比较、不同职业人员生活满意度的比较等。这种比较与前两种方法相比并没有什么独特之处。仅仅是上述两种方法只在单一社会中运用而已。对第一种材料的比较也包括“历史比较”。

E. 迪尔凯姆认为,第一系列(即第一种材料)包括所研究的社会现象在一个单独的社会中发生的各种事实。例如,研究一个社会中的自杀问题可以把这个社会中较长时间里发生的自杀事实用曲线形式描绘出来,说明自杀现象在这个社会各个时期中的表现情况。根据这些曲线将一个社会中各个时期的表现情况详细考察和比较,同样可以得出真实的规律。

而对第二种材料的比较可认为是历史比较法和民族学比较法的综合运用。他认为对同一社会类型中各个社会的事实进行比较,无疑要比对单独社会中的事实进行比较更为广泛。首先,可以将一个社会的历史与其他社会的历史相对照,观察一种同样现象在相同条件下,随着时间的推移而发生的演变情况在各个社会中是否相同。然后将这些不同社会中观察到的变化情况进行比较。总之,E. 迪尔凯姆的社会学方法论十分强调比较方法。在他看来,社会学研究如果没有比较就不能解释社会现象,也不能建立完整的社会学理论。然而,同时他一再强调比较社会学不是社会学的一个特殊分支,而是社会学本身。

2.2.3 M. 韦伯的比较社会学理论

M. 韦伯一直被公认是比较社会学的先驱。而他的《新教伦理与资本主义精神》被奉为比较社会学的典范之作。M. 韦伯对比较社会学的贡献在于他提出了"理想类型"的概念。正如刘易斯·科塞所评价的那样:一个理想类型就是一种分析结构,它在研究者手中就像一个尺度,使他在具体情况下确定相同与相异。它提供了比较研究的基本方法。这里需要说明的是韦伯的理想类型指的是总体而不是个人的行动,但总体中的社会关系是建立在行动者从事预期的社会行为这种可能性上的。他的理想类型是从经验的现实中抽象出来的,目的在于说明相似过程和结构中某些共同点和特征。通过提供某种共同的分析标准,理想类型可以用于对不同背景下的经验事件进行比较。韦伯对他研究的宗教、组织、权利等一切现象都构造了理想类型,并进行了涉及政治、经济、法律、社会、组织等广泛领域的比较研究。

M. 韦伯的比较研究中最为有名的就是对现代化的研究。他将新教伦理的"理想类型"和中国儒家思想的"理想类型"做比较,说明为什么在西方实现了工业化,而中国等几个古文明国家仍停滞不前的原因。在《新教伦理与资本主义精神》一书里,他认为新教的禁欲、进取、求知、致富以及与上帝直接交流的新思想是改变中世纪西方以及以天主教为基础的欧洲社会的主要原因。在新教伦理中资本的积累、利润的争取,以及商业上相互竞争的手段不仅已不再是罪恶,而成了正当地为上帝服务的表现。因此,资本主义式的商业行为,从宗教上得到认可和鼓励。M. 韦伯认为这种伦理思想是西方社会发生工业革命的主要原因,而且他认为对任何社会来说这种伦理思想都是推行现代化和工业化必不可少的必要条件。他认为中国(近代)没有实现工业化是因为缺少这种新教的伦理思想。他指出中国的儒家思想缺乏进取精神,过分重视天人融合之说而偏重孝道伦理。这些思想阻碍了工商业的发展并使中国社会停滞不前。不过M. 韦伯的现代化研究关心的主要是西方社会,他用非西方社会做比较的目的在于更充分地说明西方社会发展的原因。M. 韦伯的这种比较研究为后来的以现代化研究为中心的欧美比较社会学的发展提供了基本框架。

从以上叙述中可以看出,在对科学知识的论述中,M. 韦伯与 E. 迪尔凯姆形成了鲜明的对照。E. 迪尔凯姆社会学在进行研究时主张应抛弃一些预想,研究者应该使自己的思想摆脱一切预想的束缚,与社会现实保持一种较为被动的关系并强调经验性研究的重要性。他的观点如果作为一种普遍的方法论纲领存在着一定的问题,因为对于社会化程度较高的人而言,如果完全抛弃其预想是完全不可能的。而 M. 韦伯认为,有限的人类思想可能对无限大的现实进行的一切分析都要以一个心照不宣的假设为基础:只有这个现实的一个有限的部分才构成科学研究的对象。M. 韦伯设想研究者的价值预想和他(她)的科学探索之间存在着更为密切的联系。在社会学的论题中,E. 迪尔凯姆确立的是有别于心理学标准的社会标准,坚持社会行为的独立性,认为社会生活的本质不可能用纯心理因素进行解释。而 M. 韦伯社会学的出发点显然不同于 E. 迪尔凯姆,他把一个明显的心理标准纳入到社会学和社会行动的研究中,他认为在社会行动中个人是有其动机的。

2.2.4 A. R. 拉德克利夫 - 布朗的比较社会学

如果说迪尔凯姆第一个提出了“比较社会学”这个名称，那么A. R. 拉德克利夫 - 布朗则是第一个在大学里开设比较社会学讲座的人。他创立了有别于社会学本身的比较社会学。1909 年 A. R. 拉德克利夫 - 布朗在剑桥大学初次开设社会人类学讲座时就已使用了“比较社会学”这个名称。1926 至 1931 年间，A. R. 拉德克利夫 - 布朗先后在澳大利亚的悉尼大学和美国的芝加哥大学开设过比较社会学的课程。1935 年，A. R. 拉德克利夫 - 布朗应吴文藻的邀请来燕京大学讲学时就开设了比较社会学的课程。

1931 年 A. R. 拉德克利夫 - 布朗在英国科学进步协会 100 周年大会上做演讲时，第一次对比较社会学的性质进行了界定。他说道：“在社会人类学中已经成长起一门研究，这就是我称之为比较社会学的研究。我希望用这个名称来表示这门学科，这门学科将自然科学的通则方法应用于人类社会的观察以及文化或文明这个术语所包辖的一切东西。这种方法可以这样定义，即通过这种方法我们可以证实一个具体现象或事件只是一般规律的例证。在研究一堆现象时我们的目的是发现存在于那群现象中的普遍规律。”A. R. 拉德克利夫 - 布朗在他晚年（1950 年）撰写的人类学入门书的第一章定义中为比较社会学下了更简明的定义：如果我们要获得人类社会的科学知识只能通过对一些不同类型的社会进行系统考察和比较才能获得，像这种比较研究我们称之为比较社会学。

A. R. 拉德克利夫 - 布朗在其学术生涯的早期，一定程度上受过英国剑桥大学的哈顿和里佛斯的人类学、佛雷泽和韦斯特马克的社会人类学思想的影响，但后来都与他们分道扬镳创立了自己的理论和方法。他虽然在某些侧面保留了他们的一些观点，但主要的思想与上述几位学者的思想大相径庭。纵观 A. R. 拉德克利夫 - 布朗的学术思想，尤其是他的比较社会学可以说深受迪尔凯姆以及法兰西社会学派的影响，其影响贯穿于他的整个学术生涯。

A. R. 拉德克利夫 - 布朗的比较社会学是在区别民族学和社会人类学或区别旧派社会人类学和新派社会人类学的基础上建立起来的。A. R. 拉德克利夫 - 布朗是用两种不同的方法——历史的方法和通则的方法进行区别的。在他看来,民族学或旧派社会人类学使用的是历史的方法,它的着力点在于对原始民族的历史进行模拟、构建并对其人种和语言进行分类。社会人类学或新派社会人类学用的是通则方法,它的目的是探索主导人类社会行为的普遍规律。A. R. 拉德克利夫 - 布朗所提倡的正是这种寻求普遍规律的新派社会人类学,而且 A. R. 拉德克利夫 - 布朗认为:"这些规律只有采用比较方法,即对多种不同文化进行比较才能发现。"因此,A. R. 拉德克利夫 - 布朗的社会人类学实际上就是他所说的比较社会学。A. R. 拉德克利夫 - 布朗的社会人类学的一个突出特点就是强调比较方法。不论是弗雷泽、马林诺夫斯基,还是 A. R. 拉德克利夫 - 布朗,本人都认为社会人类学是社会学的一个分支,他认为社会人类学的目的是利用原始社会的知识,建立关于社会现象的有确实根据和重要意义的区别。正是在这个意义上,这门学科可被称为一种社会学。因而强调比较方法的社会学被他叫作"比较社会学"是可以理解的。

2.3　现代比较社会学理论研究

自孔德创立社会学开始,19 世纪的比较学家的比较理论往往都建立在比较社会与比较历史的基础上。20 世纪,社会学传入美国,早期的芝加哥学派的重点是放在都市发展与都市问题的研究上。20 世纪 30 年代至 60 年代初期,美国的比较研究仍然只局限于对美国社会的研究。直至越战的失败以及日本经济的迅速崛起,才让美国的社会学界开始重视亚洲的比较研究。而由于外交政策的影响,拉丁美洲的比较研究也逐渐受到重视。近代社会统计方法停滞不前,一些理论也未能得到丰富,但一些历史社会研究者却取得了一定的成就,这些学者也一定程度上代表了近代比较研究的方向。

2.3.1 派深思的比较社会学研究

作为功能理论的代表人物,派深思的理论常被说成"忽视了社会变迁的存在与其动态性"。派深思的思想强调均衡概念,但其实他并未完全忽略社会变迁的讨论。他曾在早期著作中提到:"一个好的理论应该能同时应用在解释稳定体系内过程与变迁的问题。"派深思对社会变迁的讨论早期注重在社会体系内的变迁。他认为只有对体系内的变迁加以适当调整与控制,才能使社会达到均衡。派深思晚年则着重研究巨型社会变迁的比较进化理论,这段时期他将体系内变迁的研究转到体系间变迁的讨论。他将自己的理论与其他著名学者的理论相结合,对人类进化史和现代社会体系的特征进行了重新解释。与派深思的功能理论过度重视均衡与整合而忽略巨型的变迁不同,比较社会学的历史学派对比较社会的理论研究做出了很大贡献,也具有一定的影响力。

2.3.2 斯美舍、本迪克的比较社会学研究

在当代的比较社会史学者中,斯美舍和本迪克都有相当了不起的成就。斯美舍是功能学派的主要代表人物之一,他的成就主要集中体现为现代化过程的理论建立,也是少数对社会变迁有深入研究的功能学者之一。斯美舍根据功能理论把工业革命里的社会变迁视为一种分化的过程。他认为工业革命里棉布生产的不同部门必须要有不同的行为规范。用机器生产棉布就必须用有技术的、经过训练的,以及薪资合理的工人来做。因此,一种新的行为规范与酬赏体系产生了。本迪克则是派深思的批判者,他代表德国古典社会学,精通韦伯理论。他对比较政治和比较阶层的理论有深远的贡献。本迪克的比较研究重点是当代工业社会的跨国

比较。历史的比较并非是历史时期发展的比较,而是不同社会在同一历史时期的比较。这一点跟斯美舍不同。斯美舍的研究重点大致上是一个国家的历史、社会的时间性比较,从英国的工业革命到俄国的革命是斯美舍的兴趣,本迪克则做跨国文化的历史比较。

2.3.3　艾森斯达特的比较社会学研究

艾森斯达特对比较社会学理论的贡献相当突出。他对比较历史社会学的兴趣可能来自他犹太民族的历史观。因此,他对历史上的大帝国的政治体系的比较与政府(特别是政治精英)在开发过程中所担任的角色问题有相当深刻的分析。他的理论思想与功能理论很接近。艾森斯达特的历史社会学的研究重点并非在于历史的事件,而是历史事件里的行为角色。他的理论假设也是以个人(领袖)角色与制度的分化为出发点的。从这个角度来看他的著作,其社会学的理论重于历史学的色彩。不过也正因为浓厚的社会学理论色彩,使得他的历史诠释有些言过其实与夸张。目前,在功能理论已失去其原有的影响力的时代里,他的理论就更显得空虚、抽象了。

2.3.4　默尔的比较社会学研究

默尔的比较历史社会研究方向与上述几位学者不同。上述几位遵循的理论是纯社会学的,派深思、斯美舍、艾森斯达特三人不仅有浓厚的功能理论色彩,而且也多少含有进化论的成分,本迪克则继承了韦伯的传统,而默尔走的是马克思理论方向。默尔的主要研究点在于解释面向现代化世界路程中的历史变迁代价与类似性,他的研究方法主要有两种:第一种是将特殊的个案予以详细的验证分析,以寻求所有的证据来证明因果关系的串联;第二种方法是比较分析法,从不同社会寻求资料来发展通则性的理论。

2.3.5 华勒斯坦的理论

在当代美国社会学家当中，能够树立门派而独成一家的实在不多，以历史社会学理论来创建体系的更是少之又少，华勒斯坦的世界体系论可算是个特例。华勒斯坦在20世纪60年代的研究方向是专攻非洲国家的，也做过学潮的研究。他的理论很有马克思理论的色彩，资本主义核心国家是剥削者，就像马克思的资产阶级；边陲地区正像无产阶级，是受剥削者。因此，按照他的理论来推演，一个社会的变迁并不完全依赖于自己内部的改变，而是受整个世界局势影响的。资本主义的财富并非仅依赖其内部的资源，也是建立在对边陲地区的剥削基础上的。因此，将来的社会主义革命必然要发生在边陲地区。

2.4 现代化理论

现代化理论是一种探讨传统社会向现代社会转变，特别是发展中国家如何实现现代化的理论。它以现代社会发展问题为研究对象，以发展社会学和发展经济学为其核心研究内容，具有边缘学科研究的性质，因而又被称为发展理论。

所谓现代是指欧洲中世纪结束以来延续至今的时间过程和新时代的特征。现代化主要是指西方社会18世纪前后开始的一场涉及社会生活诸多领域的深刻变革过程，这一过程以某些既定特征的出现作为完结的标志，表明社会实现了由传统向现代的转变。

“现代化”是一个外来词。在中国，早在20世纪30年代，人们便开始谈论“现代化”了。柳克述在其所著的《新土耳其》一书中，就曾用过“现代化”一词，并把“现代化”与“西方化”相提并论。胡适在其《文化的冲突》一文中，也正式使用了“一心一意的现代化”的提法。“现代化”一词产生的背景大概是 19 世纪后期至 20 世纪初，工业化在西方取得的决定性胜利使得人们划分人类社会的标准开始由“文明”和“野蛮”演变为“现代工业社会”和“传统非工业社会”，所以最初的现代化，其含义即工业化。而现在广义的现代化指的是一个带有普遍性的人类历史进程，它是指传统社会向现代社会演进的过程。

虽然现代化在二十世纪三四十年代就被提出，但是现代化理论真正得到发展却是在 20 世纪 50 年代，西方资本主义国家在二战结束后迅速崛起，与此同时在苏联国力也迅速增强，使得社会主义在全球的影响力迅速扩大。在社会主义与资本主义对立的大前提下，作为资本主义强国，美国自然不甘心社会主义在一些刚刚脱离旧殖民主义体系的国家中继续扩大影响力。因此，美国通过政治和经济援助等方法来影响这些国家，从而巩固资本主义的地位。在此背景下，美国一批社会学家、经济学家和政治学家从不同角度相继开展了现代化的深入研究，发表了大量学术论著，初步形成了西方现代化理论体系。由于他们的现代化理论与美国政府的政治目标不谋而合，美国政府的目的就是通过向这些新独立的国家展现西方国家现代化的魅力，从而吸引他们走上资本主义的道路，因此，这些现代化理论家受到了美国政府与大财团的大力资助。但在西方现代化理论创立之初时，这些现代化理论家们对第三世界国家的国情并不了解，他们既无理论上的准备，也无现成的实践模式可资借鉴，只好从西方已有的思想体系中去寻求理论基础。早期的西方现代化理论家们并非真心实意要解决第三世界国家的现代化发展问题，其理论分析方式也存在着明显的错误，因此初期的现代化理论并没有使这些发展中国家实现真正的发展。

二十世纪六七十年代，现代化理论家们开始意识到重建现代化理论体系的重要性。美国学者布莱克指出：“从长期来看，使本国的传统制度适应新的功能比或多或少原样照搬西方的制度更为有效。[①]”这就要求现

① 布莱克. 比较现代化[M]. 上海：上海译文出版社，1996.

代化理论家们对不发达国家内部的国情进行深入的、具体的研究。另一方面,对东亚各国的现代化研究热潮也构成了推动现代化理论发展与革新的又一个动力源。与拉美各国的现代化发展过程相比,这些国家的发展过程具有一些明显不同的特点。这对现代化理论家们无疑具有很强的吸引力。

二十世纪六七十年代至今的现代化理论研究的核心是如何处理非西方的后进国家现代化建设中的传统与现代的关系,不再把传统性与现代性看作是两个内部始终如一的、均质的统一体,不再把传统性和现代性当作是互不相容的对立的两极,不再片面否定传统因素在现代化进程中的作用。首先,他们认为无论传统性还是现代性内部都包含着合乎现代化发展的不同的要素,传统性与现代性是可以相互共存、相互补充的,许多传统因素是可以在现代化过程中发挥积极作用的;其次,他们不再坚持"单线进化"的社会发展模式,不再坚持"西方中心论",认为不同国家存在着多种多样的现代化发展路径和模式;再次,他们不再忽视外部环境的作用,而是期望将内、外因素结合起来,从两者的相互作用中考察现代化过程;最后,他们不再简单地把现代化过程描述成一个分化、整合、适应能力升级的进化过程,而是试图把各种压制、不平等和冲突现象纳入分析的范围。

第3章

社会流动的国际比较

合理的社会流动具有积极的社会功能,有利于缓解社会矛盾,促进社会稳定和社会发展。合理的社会流动以社会职位空缺为导向、以成就规则为根据、以机会平等为前提,同时对社会弱者给予必要的保护。现代社会中职业地位最为重要,它是人们社会地位的主要载体。职业的获得应该通过市场竞争,使有能力的人获得相应的职位。教育是获得能力最重要的手段。西方发达国家社会流动的现实是这种社会流动"理想类型"的偏差。

3.1 社会流动概述

3.1.1 社会流动理论解读

1927年社会学家索罗金发表了用现代系统观点阐述社会流动的著作——《社会流动》。索罗金定义的社会流动是人类的活动所造出来的事物和能改变的一切事物的位置都是在不停移动的,强调成员在社会结构中所处的社会位置的改变。同时他阐述了造成社会流动的三个主要动因:第一是环境因素,第二是人口本身的特质,第三是父母和子女能力的不同。在此基础上,他还提出了水平流动类型和垂直流动类型。索罗金在其著作中研究发现,父代职业对子代职业影响主要体现在地位的流动,因此发现了现代工业社会流动的一些特点:发现父与子世袭现象的减少出现在特定的阶层当中,而且这种分布出现在不同的职业当中。不同社会背景的成员组成了不同的职业群体;不同职业群体的差异性慢慢消失;父辈对后辈的职业地位依然产生很大影响;在不同层级体系当中,容易产生流动的人员往往是相似的或者是相近的阶层。

科普赛特和本迪克斯认为社会流动是指个人在社会中从一个社会位置向另一个社会位置的转化过程。二战后,他们通过分析比较了现代工业社会多个国家的社会流动规律,发现社会流动水平的高低总是与工业化水平、城市化水平、社会阶层这三个指标相关。他们还对教育和职业之间的关系进行研究,通过分析数据发现影响人生发展的决定性因素是人们的受教育程度。他们将这种关系归纳为几个方面:①家庭环境的好坏是决定教育资源享有多少的原因,家庭环境好的占有的教育资源更多。②美国的统计数据表明,从事脑力劳动的人大多受过高等教育。③从事脑力劳动的人的子女大多从事脑力劳动,从事体力劳动的人的子女大多数从事体力劳动,教育是改变脑力劳动和体力劳动的最有效的手段。④具有良好教育和家庭背景的孩子能够接受更为系统的学校教育和职业规划。⑤贫民家庭的子女在职业规划方面受到的职业指导相对较少,这就造成了在选择工作的时候无法获得全部的机会,周而复始就会导致流动障碍。

布劳和邓肯在20世纪60年代对社会流动中的社会分层研究做出巨大贡献。他们强调了解现代社会的最佳途径是系统地研究职业流动和职业地位,因为职业可以全方位地反映出一个人在社会中所处的阶层的政治、经济、文化地位。通过实证研究分析提出了人成功的原因除了先天具有的才能和后天的勤奋努力等因素以外,还包括上一代人在社会中遇到的不平等因素对下一代的影响会重复出现。通过对美国社会白领、蓝领、农民之间的阶层限制研究发现,这种阶层阻碍了人们由下向上的流动。

布劳和邓肯对这种阶层的阻碍提出了批驳,但同时他们也发现美国的高等教育给予了社会下层家庭的子女向上流动的机会,因为高等教育水平对削弱身份、地位继承关系和促进职业地位结构的开放具有重要的影响。在地位实现模型广泛应用于社会流动研究之后,乔纳森·特纳对流动过程理论的研究引起学界的广泛关注。他认为现实中存在两种流动过程:一种是让社会成员有流动的机会;另一种是让社会成员在流动的过程中获得某种向上运行的动力。特纳提出,个体或群体的上升空间受制于他们所拥有的资源的占有比例,占有越多的资源上升的空间越大,与资源的距离越近越可能得到资源。假设组织资源高度集中的情况下,作为组织的上层人员因为与资源更加接近所以占有资源的几率更大,所以离资源越近的人越占据优势。

20 世纪 70 年代末,学者们开始对社会流动研究中的地位结构予以关注。学者们认为原来的地位实现研究忽视了除个人因素以外的其他结构因素对人获得地位的影响。尽管存在其他的理论概念,但是结构理论都强调个人因素以外的其他结构性因素,这种结构因素体现在方方面面,无论是对个人成就、社会结构还是工作结构都具有效力。

在社会流动领域研究中,最基本的研究范畴是将职业的差异性作为研究基础,但是单以职业来划分社会流动的标准又是不科学的。所以,马奇和韦索罗斯奇的代际间可传递资源的理论就提出了影响社会流动的几个基本指标,其中有文化资本、经济资本和政治权利资本。经济资本主要指经济资源的占有量。说明持有经济资本多的人会影响子女的职业和生活。与任何其他的职业流动相比,代际传递所获得的资本稳定性更重要。此外,文化资本在社会流动中也具有重大意义。因为长期在学校和家庭中所受到的大量文化教育,通过继承和积累延续下来。文化资源本应是一种平等的教育活动,但是在实际情况下确实又存在着不平等的现象。教育系统对于控制者阶层的后代特别有利,而父母的受教育程度对孩子未来的成功概率也起到了至关重要的作用。至于政治权利资本,政治权利资本的增加会促使其他资本的增加,其他资本又是对政治权利资本的积累,政治资本发挥作用的路径是各种资源之间的相互转化。

3.1.2 社会流动的功能

社会流动是指人们在社会关系空间中从一个地位向另一个地位的移动。在一个封闭的僵化的社会里,社会流动很少,传统社会就具有这样的特征。社会越发达,开放程度越高,社会流动越多。在从传统社会向现代化社会迈进的过程中,社会流动量趋于增大。因此,社会流动对于一个社会的稳定和发展具有十分重要的作用。

1. 改变社会成员的社会地位,改善社会各阶层的品质

社会流动表现为社会成员在社会关系空间位置上的移动。既有水平的社会流动,也有垂直的社会流动;既有代际流动,也有代内流动;既有结构性流动,也有非结构性流动。因此,社会流动首先是改变社会成员在社会关系空间网上的位置,使之处于新的社会位置。不管这种新位置是社会地位的提高还是下降,参与流动的社会成员都要经历一次社会地位的变动。而那些表现为社会地位升降的社会流动对于人们社会地位的改变意义就更大了。

在特定的历史时期,一个社会的阶层结构是相对稳定的,而变动则表现为一些人退出某一特定阶层而新的成员及时补充进来。只有社会位置空缺时才会引起社会流动。有两种情况会造成社会位置的空缺,一是占有这一地位的原有社会成员的退出,即可能是这一成员向其他社会地位流动,也可能是其死亡;二是社会发展出现了新的社会地位,或原有的社会地位数量增加,需要更多的人来占据这些位置。那么,新的成员从外部进入这一社会阶层,成为阶层的一员,使原有阶层补充进新鲜血液,也可以增强阶层成员的异质性。由于同一阶层的成员交往互动的频率高于与

阶层之外成员的交往互动频率[①],因而从不同社会阶层进入到同一阶层的成员之间的互动可以使阶层成员自身的品质不断得到改善,进而改善社会各阶层的品质。

2. 缓解由于分层可能带来的社会矛盾,保持社会稳定

社会成员之间由于客观存在着自然差别以及社会差别,出现社会阶层化现象,也叫作社会分层现象。分层的实质是不平等,是社会成员在社会资源等方面占有不平等,一些阶层占有较多的资源,而另一些阶层占有的资源相对较少。阶层之间的这种不平等往往会使资源占有量较少的阶层成员有一种被剥夺的感觉,感到不公平,这就很容易造成阶层之间的矛盾和冲突,引发社会危机和动乱。传统社会中社会革命大多数产生于阶层之间的不平等。社会流动则具有消解社会紧张、矛盾和冲突的功能。社会流动可以使原来在资源占有以及社会地位方面处于弱势的成员改变处境,占有较多的资源、上升到较高的社会地位,从而提高弱势阶层成员的社会预期,缓解由于分层可能带来的社会矛盾与冲突。分层使社会成员在资源占有以及社会地位上出现不平等,但是如果这种不平等并没有被固化,阶层结构是开放的,每一个阶层向所有的社会成员开放,每一个人只要努力就可以进入这一阶层,得到同样的社会资源和社会地位。那么,人们就会有一种预期,就会积极努力,就不会有不满的感觉。

3. 促进社会竞争,推动社会发展

如果有健全合理的社会流动机制,社会分层不仅不会导致社会不满、矛盾和冲突,反而会给社会带来生机和活力,形成一种积极向上、奋发进取的局面,从而有利于社会的稳定和发展。占有一定社会阶层位置的人要想在开放的社会中保持住已有的地位或者向更高的阶层位置流动,那么他(她)就需要不断地努力,提高素质,提高能力,积累经验和财富。

---

① 彼特·布劳. 不平等和异质性[M]. 北京:中国社会科学出版社,1991:57.

4. 有利于形成合理的社会结构

形成合理的社会结构是与上面三点紧密相连的，既是它们的结果，也是它们的原因。社会结构是指构成社会的各种要素的连接方式。社会是由阶层构成的，阶层结构是社会结构的一个重要方面。因此，合理的社会结构的重要方面是要有一个合理的阶层结构。合理的阶层结构和合理的社会结构其实质是相同的，在一定程度上两者之间的差异只是表述的方式不同而已。一个合理的社会结构应该是稳定、有序、充满活力的，而不是僵化、混乱以至动乱的。如果从合理的阶层结构这一维度来看，合理的社会结构应该是一个两头小中间大的橄榄形社会。"所谓两头小是指，拥有较多组织资源、经济资源和文化资源，处于最高和较高社会等级的阶层规模较小；而拥有的各种资源最少甚至没有什么资源，处于较低和最低社会等级的阶层的规模也很小。所谓中间大则是指，就其所拥有的各种资源而言，社会的绝大部分成员处于社会的中间等级位置，属于社会中间层[①]"。

传统社会中阶层结构是上面小、下面大的金字塔形结构，一部分人拥有很多社会资源，位于社会的上层，而绝大部分社会成员拥有很少或根本没有社会资源，位于社会下层。传统社会中，社会流动很少，个人阶层地位固化程度比较高，个人对于自己阶层地位的选择性较小。橄榄形社会结构出现于现代化社会，它是社会流动增强的结果。

3.1.3 社会流动的标准

前面我们所探讨的是社会流动的正向功能，即它对社会发展的积极作用与意义。然而，并不是什么样的社会流动都是有益的，它还具有反向功能。因为社会流动有合理与不合理之分。那么，什么样的社会流动是合理的呢？笔者认为，社会流动的合理性涉及社会流动的量和质两个

① 陆学艺. 当代中国社会阶层研究报告[M]. 北京：社会科学文献出版社，2001：52.

方面。

从量的方面来看,合理的社会流动是充分而适当的社会流动。充分是指一个有活力的社会应该具有大量的社会流动,这样才能使社会位置不断出现空缺,使处于不同社会位置的人有机会改变自己的社会处境,让社会成员感到有希望,使社会充满活力。适当是指社会流动要与社会地位的空缺数相适应,而不是简单地要求社会流动越多越好。

社会流动质的合理性是判定社会流动是否合理的关键。社会流动的质首先指向社会流动的根据,即一个社会成员是凭借什么开始社会流动的。换句话说,填补社会空位的人是根据什么原则和标准产生的。社会地位的空缺只是为社会流动提供了一种可能性,到底哪些社会成员能够占据这样的位置,不同的社会有不同的规则。一般有先赋性与自致性两种规则。合理的质首先应该体现自致性规则,即社会位置对人的选择依据个人自身的品质、知识、技能、兴趣及成就,而不是依据个人与生俱来、不需要通过努力就获得的东西,例如,家庭出身、家族关系、种族及宗教信仰等。自致性规则,也叫自获性规则或成就性规则,是合理的社会流动最重要的质的规定性。其次,社会流动要体现社会平等,主要是机会平等,即任何社会位置都要向所有符合条件的人开放,而不是只向其中一部分人开放。再次,社会流动还要体现保护弱者的原则,保持社会流动的连续性,社会结构不至于出现断裂。政府和社会有义务保护一部分因为各种原因处于弱势地位的社会成员恢复、寻求社会流动的能力。否则,社会就会陷入"弱肉强食"的状态。

3.1.4　社会流动机制

1. 社会流动的角度

现代社会应该是阶层结构开放的社会,即不同社会阶层的成员可以自由流动,较低阶层的成员可以向上流动,上升到较高阶层;较高阶层的成员也有可能向下流动,下降到较低的社会阶层。这种社会流动是以社会职位空缺为导向、以成就规则为根据、以机会平等为前提的。为了保证阶层结构的开放性,社会流动应该建立在市场基础之上,因为市场是承认个人能力和个人努力的,也就是说,市场机制既为社会流动提供平台,也为社会流动提供渠道,这种渠道就是职业。在现代社会,职业是与人们的经济收入密切相连的,职业地位是个人社会经济地位和社会声望的体现。职业既是人们的一种工作方式,也是一种生活方式,它是现代社会人们生存方式与生存状态的集中体现。因此,在现代社会,职业是人们社会地位的主要载体,在相当大的程度上,个人职业地位可以反映其社会地位。在现代社会,职业的获得主要应该通过市场,个人职业地位的提升也应该通过市场竞争。每一种职业都有其职业规范和从业要求,通俗地说就是从事某一特定职业具体的任职条件。通过市场竞争,最符合这些任职条件和要求的人就有资格获得这一职业。任职条件其实就是对一个人特定能力的要求。个人能力的获得有多种方式和途径,其中最重要的是正规的学校教育。现代学校教育是社会发展的结果,但它反过来又成为促进现代社会发展的手段、实现个人社会流动的阶梯。所有引起、促进或阻碍社会流动的条件和环境就是社会流动的机制。社会流动机制并不是完全自发形成的,它需要政府进行适当的规划和引导,政府通过制定相关的法律法规以及政策使有能力的人能够获得好的职业地位,同时保护弱者的生存和发展权利。

2. 理论上的视野

现代社会与社会流动关系最为密切的制度有三个,它们是就业制度、收入分配制度以及与之密切相关的教育制度。就业和收入分配制度与人们的社会地位和社会流动的联系是直接的,而教育制度与人们的社会地位和社会流动的联系则是间接的。就业制度与职业地位的获得关系最为直接。在现代社会就业制度的核心是要以个人能力为用人的标准,也就是要以自致性规则为基础,不能因为个人家庭出身、年龄、性别、民族、宗教信仰等而对不同的人有不同的适用条件,否则就不公平。通俗地说,职业岗位在寻找适合人选的时候,首先应该考虑的是“你能做什么”,而不是“你是谁”。教育制度中最重要的是教育的大门要向全体公民开放,基础教育应该由政府来提供,它是一种公共产品,政府要设法保证向全体公民尽可能提供等质等量的义务教育,让所有公民都能平等地享受同样的教育服务。中高等教育是一种半公共产品,政府也应该承担相应的责任,其中最重要的是要将高等教育的大门敞开,面向大众,实现平民教育,平等教育,让每个有能力的人都有机会享受高等教育,而不是把高等教育变成精英教育。收入分配制度涉及两个层次,即一次分配和二次分配。一次分配应该通过市场来实现,即能力强、贡献大的人收入高,能力弱、贡献小的人收入低,发挥市场这只“看不见的手”的作用。二次分配应由政府这只“有形的手”操纵完成,它主要通过税收的形式聚积财富,然后通过社会福利、社会保障以及其他公共产品的形式重新分配收入。市场是讲效率的,它对社会发展和人类进步有重要推动作用,但是它难以顾及公平问题,这是其缺陷,这个缺陷需要由政府来弥补。政府在实现公平方面起着重要作用。效率与公平是一对矛盾,这对矛盾需要通过市场和政府的“两只手”来解决。一个健康的、可持续发展的社会,应该是兼顾效率和公平的,这也是现代社会的必然要求。

3.2　社会流动视野下的中国与世界

3.2.1　当代中国的社会流动

当代中国的社会阶层是怎样演变形成的,社会流动机制发生了哪些变化,社会各阶层今后将怎样继续演化,现有的社会流动机制哪些是合理的,哪些还不合理,需要进行怎样的改革和调整。这些问题都是处于关键时期的我国需要认真研究并关注的。

社会流动是指社会成员从某一种社会地位转移到另一种社会地位的现象。在一个既定的社会阶层结构里,如果转移流动的方向是由较低社会地位流动到较高社会地位,可称为上升流动,反之,则称为下降流动,这两种流动统称为垂直流动。有些社会成员从一种职业转移到了另一种职业,但其收入、声望、社会地位却基本相同(如大学的讲师调到研究单位任助理研究员),是在同一水平线上流动,则称之为水平流动。总体说来,在人类社会发展的历史过程中,社会流动呈不断扩大的趋势。

1949 年中华人民共和国成立以来,中国发生了两次重大的制度变革。第一次制度变革发生在 1949 年以后,新中国借鉴苏联社会主义制度模式建立新的政治经济体制,通过诸如土地改革,对农业、个体手工业和私营商业进行社会主义改造,一方面,经济建设取得了很大成就,工业化水平有了显著的提高;另一方面,在制度层面上,公有制取代了私有制,中央集权的计划经济体制取代了以小生产为基础的市场经济体制。与此相应地,整个社会阶级阶层结构也发生了深刻变化,通过没收官僚买办资本,官僚买办阶级被消灭了;通过土改,地主阶级被消灭了;通过对私营工商业的社会主义改造,资产阶级被消灭了;通过对农业、手工业的社会主义改造,合作化和人民公社化运动,亿万农民和农村手工业者成为农村集体经济——人民公社的社员,城镇手工业者则成为国营集体或城镇集体企业的职工。整个社会阶级阶层结构演变为由工人、农民、知识分子(干部)构成的两个阶级、一个阶层的社会结构。

在这数十年的历史过程中,中国的政治运动连绵不断,经济剧烈变动,社会政策多变。这样的制度、政策和社会结构变动,直接影响着人们的社会流动,个人、家庭乃至某个阶级阶层的社会地位的获得和沉浮都不能由他们自己掌握,而是由当时的制度、政策的变化来决定。从更广的历史视角来观察,1978 年以前,特别是到了“文革”后期,中国社会整体上趋于封闭,先赋性规则成为社会流动的主要规则。

1978 年中共十一届三中全会确立改革开放政策,中国开始了第二次重大制度变革。改革先从经济体制开始,随后波及政治体制和社会体制。改革的方向是实现由计划经济体制向社会主义市场经济体制转变,到2000 年,社会主义市场经济体制基本被建立起来。改革推动了国民经济的持续高速发展,加快了中国由农业社会向工业社会、由乡村社会向城市社会的转变。经济体制改革、经济发展、经济结构的变化,推动了社会结构的分化,催生了诸如私营企业主、农民工等一些新的社会阶层和群体,使社会分化为由若干社会阶层组成的社会阶层结构。总体说来,在这个时期里,特别是在改革开放的前期,国家制度、政策的安排,对人们社会地位的获得和沉浮,还起过重要乃至决定性的作用,但越到后来,整个社会变得越是开放,后致性规则逐步成为社会流动机制的主要规则。

中共十六大报告指出,“21 世纪头二十年,对我国来说,是一个必须紧紧抓住并且可以大有作为的重要战略机遇期。”目前,中国正处在历史发展中的一个关键时期,也是经济社会结构即将发生更为深刻的变化的重要阶段。“许多国家的发展进程表明,在这一阶段,有可能出现两种发展结果:一种是搞得好,经济社会继续向前发展,顺利实现工业化、现代化;另一种是搞得不好,往往出现贫富悬殊、失业人口增多、城乡和地区差距拉大、社会矛盾加剧、生态环境恶化等问题,导致经济社会发展长期徘徊不前,甚至出现社会动荡和倒退。”

从改革开放以来的实践看,经济继续向前发展的势头很好,再翻两番的目标也是能够实现的,因为中国已经走上社会主义市场经济体制的轨道,政府也积累了调控经济的能力和经验。中国能不能在这个历史发展的关键时期抓住机遇,实现新的跨越,关键在于能否做好推动社会继续向前发展这项工作。就目前中国的情况看,社会发展已经严重滞后于经济发展,经济社会发展并不协调,由此引发了种种社会问题。国际上正反两方面的经验无不表明,经济增长需要社会的相应发展,社会发展跟上了经济发展,就能起到推动经济进一步增长的作用;相反,社会发展跟不上经济增长,形成有发展没有增长的格局,社会就不免出现动荡,经济增长就会受到阻碍。改革开放三十多年来,中国经济发展方面取得了举世盛赞的辉煌成就,人民的生活条件普遍得到改善,生活水平普遍得到提高,但在社会发展领域却存在着一些问题,社会并非十分稳定。2003 年 10 月,中共十六届三中全会提出了“坚持以人为本,树立全面、协调、可持续的发展观,促进经济社会和人的全面发展”,同时还提出要实施五个统筹发展。这些新的发展战略的提出,是有很强的针对性的,也是很及时的。要推动社会继续向前发展,实现经济社会协调发展,这是一项巨大的系统工程。例如,要调整社会结构,要发展社会事业,要改善社会管理,要改革社会事业的管理体制,要形成和谐的社会环境,要实现社会的基本公正,等等,任务非常繁重,但是,中国要想顺利度过目前这个关键时期,就一定要完成好这些任务。换句话说,中国一定要努力补好社会发展这门课。社会阶层结构,可以说是一个国家的社会结构的骨架。经济发展了,经济结构改变了,社会结构尤其是社会阶层结构也要有与之相协调的调整和改变,从而为经济发展和经济结构变化提供相适应的骨架以作支撑。而且,只要制度安排合理,政策引导适当,随着经济结构、产业结构、职业结构的发展变化,社会阶层结构就一定会发生相应的调整和改变。改革开放以来,中国社会已分化为若干社会阶层,凡是现代社会阶层的基本构成成分都已具备,现代化的社会阶层位序已经确立,一个现代化社会阶层结构已经在中国形成。但是,这个现代化阶层结构还只是个雏形。就其结构构成而言,该缩小的阶层还没有小下去(农业劳动者还占 44%),该扩大的阶层还没有大起来(如社会中间阶层只占约 15%),所以还不是一个公平、开放、合理的现代社会阶层结构,与社会主义现代化进程还不相适应,存在引发社会危机的结构性因素。在这种阶层结构下,经济的现代化发展必将面临困难,即使有所发展,或者有很大的发展,那也是不稳定、不巩固的,甚至会有倒退的危险。

改革开放三十多年来,中国已经初步形成了一个现代社会流动机制的模式,这一方面得益于经济发展,经济结构、产业结构变化的直接推动;

另一方面,社会流动机制多元化,社会流动渠道开通,也是重要的原因。改革开放前,中国实际上形成了一种多维二元身份等级体系,在这种体系中,先赋性因素是决定人们的社会地位的主要因素,以至于社会流动率很低,整个社会几乎成为一潭死水。改革开放以后,中国逐步放弃了那种身份等级体系,社会流动渠道逐渐开通,例如,农民可以到城镇务工经商,社会成员可以自谋职业、自主创业,高等学校恢复了统考招生制度,所有这些变化,都使得后致性规则逐渐成为社会流动机制中的主导规则,由制度安排和政策规定直接界定人们的社会阶层地位的格局基本被打破,新的社会流动模式开始形成,因而,社会流动率明显提高了,社会活力显著增强了。但是,为什么该扩大的社会阶层还没有真正大起来,该缩小的社会阶层还没有真正小下去,现有的社会阶层结构为什么还不能适应社会主义现代化发展的要求。原因是多方面的,而其中最重要的原因之一则是当前中国的社会流动渠道还不畅通,计划经济时代留下来的一些制度性障碍(如户籍制度、就业制度、人事制度、社会保障制度等)仍在阻碍着人们向上流动以获得更高的社会地位,社会流动模式呈现出新老社会流动机制并存的两重性特点。也就是说,公正合理的现代化社会流动机制尚未形成。因此,在当前开展社会流动问题的研究,具有非常重要的理论意义和实践意义。在理论上,对有 13 亿人口参与的中国社会流动及其机制的研究,将极大地丰富甚至创新社会学的学术体系。在实践上,通过研究中国社会流动的形式、机制、路径、方向和特征,我们可以发现中国社会流动模式转变中的积极因素,揭示其中的消极因素,为进一步改革和调整相关的制度安排和政策规定提供合适的战略方向和可行的策略路径,从而促使中国社会流动模式最终实现现代化转型,促使社会流动的机制变得更加公正、更加合理、更加开放,在此基础上加快形成一个与经济发展和经济结构变化相适应的公正、合理、开放的现代社会阶层结构。

3.2.2 当代世界的社会流动

现代科技革命与人类历史上曾经发生过的农业革命、工业革命一样，造成了人类物质生产方式的又一次历史性变革。在现代科技革命和由此而造成的新的物质生产方式的作用下，20 世纪中叶以来的半个多世纪中，西方发达资本主义国家的社会分层发生了深刻而显著的变化。这些变化范围广泛，内容深刻，向人们表明了当代西方国家未来社会的发展趋向，值得我们认真研究。

科技革命及当代资本主义的发展，产生了新的社会流动机会，造成了新的社会流动内容，也促成了新的社会流动走向。从总体上说，新的社会流动大致包括含义相左的“向上”与“向下”两方面内容。

一方面，从社会职业分层的角度看，由于科技进步，人类的物质生产方式，即生产结构、生产过程、生产规模和生产组织方式都发生了变化，特别是生产自动化的采用和发展，大大增加了许多传统意义上被认为是“高级”职业的需求。现代的社会化、智能化生产需要大量的科学家、工程技术人员、管理人员和办公室人员来完成，据美国学者研究表明，20 世纪中期，在美国约有 30% 的职业流动，是由于技术革命而导致的“低级”职业的消失及一些新的“高级”职业的产生而引起的。此外，在国家垄断资本主义空前发展的条件下，由于国家在政治、经济、社会管理等方面的职能明显扩张，从事社会管理工作的国家公职人员也因此人数倍增。法国政府的职能部门由 19 世纪的 2 ~ 3 个部发展到二战以后的 30 多个部，其公务员也增至 1982 年的 263 万人。在联邦德国政府机关服务的人员数量 1952—1957 年增加 2.5 倍，1960—1969 年增加了 33%。因此，从社会职业分层的角度看，当代西方国家的社会流动存在着明显的向上流动的倾向。

另一方面，从阶级分层的角度看，当代西方国家中又存在着明显的向下流动的倾向。由于垄断资本主义的发展和农业现代化的进一步普及，原来属于有产阶级的小业主、手工业者、小农场主的人数不断减少，在日益激烈的残酷竞争中向下流动，加入被雇佣者的行列。此外，当代西方社会中人数增长最快的职员、办公室人员、科技人员、中低层经理、国家公职人员等，从实际意义上说，也是受雇于私人企业或国家机关的新型的雇佣劳动者、新型的工薪阶层。就其与所为之服务的机构或资本的关系来说，与雇佣劳动工人相同。另外，原来自己拥有一定的生产工具，可以直接为社会提供服务的律师、医生、教师、艺术家等自由职业者，在当代资本主义发展潮流的冲击下，也发生变化，少数人积累了资金，掌握了以最新技术和最新设备为形态的资本，雇佣脑力劳动者，上升为资产阶级，大大小小的律师事务所、私人学校和私人医院的出现就证明了这一点。但是，大多数以前的自由职业者失去了先前独立的社会地位，据法国政府 1962 年的调查材料表明，30% 的法律工作者、近半数的卫生及其他社会事业的工作人员、约 60% 的艺术家和美术工作者，虽然仍从事着律师、医生、艺术家的职业，但实际上已经成为被雇佣的脑力劳动者。1969 年，法国的另一调查报告显示，当时法国每 100 名医生中，有 22 人是完全意义上的被雇佣者，32 人是部分时间被雇佣，自己开业的医生不及医生总人数的一半。在联邦德国，1960—1981 年，雇佣劳动者（包括工人、职员、学者、经理、政府官员等）的人数由 2 030 万上升到 2 230 万，所占就业人口的比例由 77.2% 上升至 86.5%。同期，非雇佣劳动者（包括资本家、手工业者、商人、农场主、独立的医生和律师）的人数由 600 万降至 360 万，所占就业人口的比例由22.8% 下降至 13.5%。在法国，1954 年雇佣劳动者占自立人口的 66%，到 1980 年，雇佣劳动者已占自立人口的 84%。在美国，1984 年人口普查局的报告表明，独立经营的经理已由 1957 年的 57% 降到 1970 年的 27%，再降到 1983 年的 9%，领取薪水的被雇佣的经理的比例却大大增加。难怪当时的美国社会学家惊呼:美国的确已经变成一个雇佣者的国家了[①]。

M. 韦伯主张用"理想类型"作为认识和解释世界的概念工具。他认为,"只有用'纯粹的'(理想)类型,社会学的辨析才是可能的"[②]。理想类型来源于经验事实,是对经验事实的抽象和概括,但它又不同于经验事实,它要高于经验事实。因此,现实中的各种事实和过程都可以看作"理想类型"的某种"偏差"。使用"理想类型"认识和解释现象,也就是以"可能性"为中介探讨事物的"现实性"[③]。本书对于现代社会理想流动的探讨就是试图构造一个关于社会流动的"理想类型",以此作为概念工具认识发达国家的社会流动经验就会发现其不足,而这种不足就是其与理想类型的偏差。

---

① [美]丹尼斯·吉尔伯特,约瑟夫·卡尔.美国阶级结构[M].北京:中国社会科学出版社,1992.

② 马克斯·韦伯.经济与社会[M].北京:商务印书馆,1997:52.

③ 苏国勋.理性化及其限制——韦伯思想引论[M].上海:上海人民出版社,1988:283.

第 4 章

社会阶层结构比较研究

通过对国内外社会阶层结构的比较研究,探寻各国在不同时期社会阶层结构的发展状况以及我国社会阶层结构变化的特征,有助于从全球社会发展的角度来审视当前我国社会阶层结构发展中存在的问题,避免由于政治制度、技术替代等因素影响社会阶层结构的稳定性,以实现我国社会阶层结构逐步合理化,促进社会的和谐稳定。

4.1 社会阶层结构理论解读

4.1.1 社会阶层结构内涵的界定

1. 阶层与社会阶层

国内外学者大多从阶层划分的标准出发来定义阶层概念。日本社会学家富永健一的阶层定义如下:社会阶层就是指有人社会资源多,有人社会资源少的不平等状态。按照我国传统的社会学观点,阶层就是由于收入水平、职业种类、教育程度、生活方式、社会声望等社会资源的不均匀分布而形成的社会团体。阶层有两种基本类型,一种是阶级内部的阶层,另一种是社会基本阶级之外的社会阶层。在同一阶级内部,按照上述标准可划分为若干不同阶层,例如,在工人阶级内部,可划分出白领工人、蓝领工人两大阶层;我们还可将处于基本阶级之外的其他社会团体划分为阶层,如企业家阶层和农民工阶层。中国学者潘成义认为,社会阶层是指依据一定经济利益、政治态度和生活方式等同一性标准而将社会成员划分出的不同层次的社会集团[①]。贾云泉则把在社会生产和生活的某方面具有相同的地位特征和类似的利益要求,以及建立在此基础上的价值认同的社会成员群体,称为社会阶层[②]。还有的社会学者认为,阶层是社会中资源分配与占有的关系,这种分配与占有关系决定着人们的社会互动方式、互动过程以及其他社会关系的形成,因而也是社会结构中占主导性的社会关系。这种观点认为,阶层概念是指一般性的社会资源与社会机会的分配方式,而马克思主义的阶级概念,将生产资料这种特殊的社会资源视为最重要的社会资源,并以此为基础划分阶级。因此,阶层与阶级就是一般与特殊的关系,阶级概念从属于阶层概念,阶级是阶层的一种特殊形式。

关于社会阶层的定义也有不同的表述,概括起来可分为两类:一类是视其为客观过程的界定,即认为社会阶层是指社会成员在社会生活中因获取社会资源的能力和机会不同而呈现出高低有序的等级或层次的现象或过程;另一类是视其为主观方法的界定,即认为社会阶层是指根据一定的标准将社会成员划分为高低有序的等级或层次的方法。这两种界定看似冲突,其实并不矛盾,因为前者是后者的基础,后者是前者的反映。

2. 社会分层结构

社会分层结构是指社会系统中不同社会成员之间的构成方式与比例关系,它是依据某些特定的原则、标准和方法,对社会成员阶层归属的划分,从而确定各社会成员在社会结构中的位置。目前,直接对阶层结构进行的定义还非常少。但从阶级和阶层的概念中我们可以看到,考察阶层

---

① 潘成义. 社会阶层嬗变与党建创新[J]. 理论月刊,2004(02).

② 贾云泉. 论构建社会主义和谐社会的根本基础[J]. 长白月刊,2006(06).

结构的涵义可以从对阶级结构的理解入手。阶级结构是指某一特定社会的阶级构成（包括各阶级内部的阶层构成），各阶级、阶层的地位及其相互关系的总和。它受一定社会经济结构、政治结构、文化结构、职业结构、劳动力结构、民族结构等的影响，但归根到底是由经济结构决定的。阶级结构由基本阶级和非基本阶级构成。阶级结构是一个活的社会有机体，在一定的历史阶段既具有相对的稳定性，又处于不断发展变化之中。根据张菊香和张健的研究结果，阶层结构可以定义如下：阶层结构是社会各阶层之间的构成状态及关系，阶层结构本质上是经济结构的社会反映和表现形式①。同样，阶层结构是社会结构的一个组成部分，阶层结构的变化同样受生产力发展水平的制约。

4.1.2　社会阶层形成的理论依据

社会阶层形成源于社会分化。所谓社会分化是指社会中的个人或群体之间产生的财富、权力、声望以及职业特征的差异和区别。社会分化不仅是财富与权力分配的分化，而且正在成为人们自我意识的分化，它使每个人开始站队，运用站队的观点来看待社会，进而使人们在心理上不接受社会作为一个整体的存在。在人们的心目中，社会已"分别化"了，有富人与穷人，有富人社会与穷人社会。这是巨大的差异，无形的界线分割着社会成员的共识，人们渐渐基于贫富、贵贱立场来决定自己的态度，发表自己的言论。社会分化有两种基本形式：一种是水平分化，另一种是垂直分化。水平分化是一种处在一个地位群体中的人们在社会职能上的分化，分化不造成人们在社会地位上的高低有序的差别。垂直分化是社会成员之间具有等级意义的分化，垂直分化是造成地位、群体之间高低顺序上的差别的分化，是社会不平等的表现。

H. 斯宾塞最早提出了有关社会分化的概念，H. 斯宾塞在《社会静力

① 张菊香，张健. 论当代中国社会阶层结构变迁与经济现代化[J]. 特区经济，2009(10).

学》中首次反思了人类社会,提出了普遍的进化框架。他认为社会进化是不断个性化的过程。在从无差别游牧部落向复杂的文明社会的发展过程中,劳动的不断分化促进了人类社会的进化。从社会学的角度来看,他将基本的社会分为军事社会和工业社会,军事社会中人类的合作是通过暴力,军事社会时期进化程度很低,经济是自给自足的。而在工业社会中,合作是自愿、自发的。

E.迪尔凯姆认为社会分化就是职业分化。E.迪尔凯姆认为机械社会之后,文明不断扩张,社会职能也日益扩大,产生竞争生存物资的状态,如果不用战争去解决竞争压力,只能通过社会分工维持社会稳定。日趋复杂精密的社会分工,将各集团的人们纳入其中。通过分工,不同集团的人逐渐相互依赖。他认为,机械团结到有机团结是历史的必然趋势,而分工事实上增进了人的团结与幸福。

塔尔科特·帕森斯认为社会系统组织着社会互动中的个人或群体,使之处于一定的相互关系形式之中。塔尔科特·帕森斯提出,社会系统是一种行动者互动过程的系统,行动者之间的关系结构就是社会系统的一种基本结构。社会系统中的行动者通过社会身份和社会角色与社会发生联系。一种身份就是社会中的一种地位,角色是与这种地位相应的规范行为。角色是相互性的,角色之间相互期待,由此而形成社会的角色结构。塔尔科特·帕森斯提出,社会变迁过程是从原始阶段经中间阶段过渡到现代阶段。分化是社会变迁的一种重要演变过程。社会原先的某一单元分化成一些在结构与功能上皆不相同的新单元,进而使得社会逐渐变迁向现代化发展,有利于社会平稳运行。

哈罗德·克尔伯提出划分阶层的三个标准:职业、权力、财富。丹尼尔·贝尔也认为职业是划分社会阶层的最重要因素。新马克思主义者的代表人物之一赖特,基于马克思的生产关系理论视角,认为阶层不能被简单地定义为某种职业分类,而是一种控制资本、决策、他人工作和自己工作的关系。

韦伯认为最重要的社会资源不是一种，而是三种，即物质财富（含金钱）、社会声望和政治权力，这是最重要的社会资源。这三种社会资源的“中国化表述”就是利、名、权。韦伯的这一观点之所以产生巨大社会影响，笔者认为至少有如下两个方面的原因：一是因为财富、声望和权力是人们最常用、最显著、最基本的社会地位标志。如文学作品或新闻媒体常常将社会中地位较高的人称之为“富贵之人”“权贵之人”或“达官贵人”等。这里的“富人”，就是指拥有较多财富，即经济地位较高的人；这里的“贵人”，就是指拥有较好声誉或重要身份，即声望较高的人；这里的“官人”，就是指拥有较大或重要权力，即政治地位较高的人。二是因为财富、声望和权力之间存在着互为条件、互为因果的社会联系机制。一般来说，人们不可能同时获得财富、声望和权力，即首先只有其一，然后才有其二和其三。而这三者又是相互作用和相互影响的，即一旦有其一，就可能有其二和其三。如拥有巨额财富的人最有可能拥有权力和声望，而声望有助于人们致富和达官，财富和声望则常常成为权力拥有者的囊中之物。

马克思认为，生产资料是最重要的社会资源，其重要性具体表现在两个方面：一方面，生产资料是否占有及占有多少直接决定人们在生产关系体系中的不同地位，即决定人们在生产过程中的地位和角色（是领导者、决策者，还是服从者、操作者），决定人们分配方式和分配数量（是通过利润获得报酬且数量巨大，还是通过工资获取报酬且数额极小）；另一方面，生产资料是否占有及占有多少直接决定人们的生存或生活方式的不同，即占有大量生产资料的人是凭借占有生产资料剥削别人来养活自己，占有少量生产资料的人是通过自己的劳动来养活自己，毫无生产资料的人是通过出卖自己的劳动力来养活自己。由此可见，生产资料的是否占有及占有多少不仅决定人们经济收入的多少，而且决定人们社会地位的高低。

4.2 中外社会阶层结构变迁轨迹

4.2.1 国外主要国家社会阶层结构变迁轨迹

1. 日本的社会阶层结构变迁

在历史上很长一段时间内日本都是以农业为主导，在社会阶层结构中农民占据社会结构的中下阶层，并且数量庞大。古代日本的社会中产阶层是僧侣、武士等依附于各地大名的附庸，他们在拥有可观的社会地位的同时，也拥有一定的社会财富。而士人阶层在整体社会结构中并不占据优势地位。明治维新后，随着封建体制的瓦解，日本政府实施了富国强兵、殖产兴业和文明开化三大政策，并由此引发了日本的工业革命。工业化导致大量农民进厂，他们通过职业和收入的提升而进入日本的中产阶级，并与武士、手工艺者、商人（称为“四民”）在社会阶层结构中的地位趋于平等。与此同时，工业化的推动也改变了日本上层社会阶层结构，以幕府－大名制度为基础的上等阶层土崩瓦解，取而代之的是以天皇为代表的各地资产阶级力量。二战的失败导致日本封建天皇的统治日渐式微，但在美国扶持下，日本工业经济在战后20年得以快速发展，中产阶级在社会结构中的比重也急剧扩大，当时的日本社会被说成是“百分之九十中流意识”或“一亿全中流”的社会①，初步形成了稳定的橄榄形社会结构。而在这一时期形成的终身雇佣制、年功序列制和企业内福利也从另一个方面加强了日本社会各阶层人们头脑中的等级观念。20世纪90年代末的金融危机则迫使日本在就业和产业结构方面进行调整②，这种行

① 高坂健次. 从社会阶层看战后日本社会变动［J］. 东南学术，2000(2).

② 崔世广. 日本结构的变迁前景［J］. 日本学刊，1995(5).

政改革和劳资关系的变化对日本社会阶层结构产生了重大影响：上层阶层、中产阶层以及下层低收入群体之间的链条逐渐断裂，这种“结构性差别”的凸显反映出中下层民众在政策体系根本性转变中呈现出被抛弃的趋势①。而对于日本社会结构起稳定作用的中产阶层也在经济和社会压力下向低收入阶层流动，导致日本社会在民生两极分化境遇下呈现下层阶级人数逐渐增多的趋势②。

2. 英国的社会阶层结构变迁

英国的社会阶层结构变革历程可以说在欧洲具有非常大的代表性。工业革命前的英国，社会结构呈现国王、贵族、僧侣、农民及无地贫民阶级依次下降的金字塔形状。18 世纪 60 年代工业革命后，王权在社会结构建构中的力量减弱，而在迅速发展的工商业推动下，大量资本家、小手工业者等跻身于新的中产阶级行列。随着城市化和工业化的发展，英国森严的等级制度逐渐被削弱，资本家凭借经济资源的控制力而逐步跻身社会上层，而由于农民大量进入城市和工厂，使白领与技术蓝领成为社会中产阶级的骨干（20 世纪 80 年代末，牛津大学高德索普教授曾将英国的从业者划分成 7 个阶层，以企业主、经理和技术人员为主导的中产阶级是最庞大的阶级）。而到 20 世纪末，传统的农民阶级只占总从业人员的 1.3%，这个阶级在英国技术推进下，已经融入到后工业社会，成为一个很小的职业群体。总体上看，作为老牌资本主义国家，英国经历 300 多年工业化和城市化的发展，已经形成比较合理的现代化阶层结构，并且在由工业社会向信息社会的转型（1993 年至今）中依然能够保持社会中产阶级在阶层结构中的数量，同时减少社会阶层结构最下层的比例③。

---

① 渡边雅男. 现代日本社会结构的阶级分析[J]. 政治学研究，2008(1).

② 三浦展. 下流社会：一个新社会阶层的出现[M]. 上海：文汇出版社，2007：12－130.

③ 李培林. 当今英国社会阶级阶层结构的变化[J]. 国际经济评论，1999(1).

3. 俄罗斯社会阶层结构变迁

俄罗斯的社会阶层结构变动更多地表现在一波三折的过程以及政治色彩浓重的变化方式上,既有通过斗争、暴力革命,使自己的本质发生新的变化,又有以改革完善的方式、不改变自己性质的形式上变更①。十月革命前的俄国仍存有农奴制残余,农民是社会地位、收入最低的阶层,沙皇统治下的俄国封建等级制构建了一个以贵族、僧侣和地主为主的有着森严等级制度的社会。之后两次资产阶级民主革命既是工人阶级、知识分子等社会新生力量的催生剂,又是社会结构剧烈变动的催化剂。这时候的苏联进入了真正意义上的"有计划的社会结构变迁"阶段,形成了新型工人、农民和苏维埃知识分子"三位一体"的社会阶层结构②。苏联社会中最大的和迅速扩大的社会团体是工人阶级和工程技术知识分子,阶级差异缩小,呈现出"两头小中间大"的橄榄形的社会结构③。进入二十世纪七八十年代,由于西方民主思潮的影响和计划经济的弊端,苏联进行了激进的经济和政治改革,在推翻公有制和利益协调均衡机制基础上,传统的"三位一体"社会结构被打破,造成了社会各阶层的变动,"原始中产阶层"分落到社会的各阶层。而苏联时期的"权贵阶层"也发生分化,一部分人投入到了新的体制中去,成为新制度下的上层阶层;而另一部分人则投身到经济实体中去,成为所谓中产阶层的主体④。社会阶层结构朝着多层次的方向发展。1998 年的经济危机让俄罗斯的阶层结构发生了变化,在改革中获益的政治和经济精英寡头阶层成为俄罗斯社会的最高阶层,中产阶层主要由企业家、经理和技术人员组成。虽然当前俄罗斯的经济和社会有一定的发展,但多数社会成员 60% ~65% 依然处于中下

---

① 陈敏华. 浅析 20 世纪苏联社会结构的变迁[J]. 苏联研究,1999(4).

② 同上.

③ 里亚布什金 T B,奥西波夫 Γ B. 苏联社会学[M]. 陈一筠,哈余灿,译. 北京:中国社会科学出版社,1986:463.

④ 赵定东. 俄罗斯中产阶层的结构构成与发展前景[J]. 湖南师范大学社会科学学报,2008(4).

层，而达 12% 的阶层结构的最“底层”居民，他们主要从事非专业性的劳动，收入最低[①]。整体上看，实施集权下的俄罗斯社会阶层结构两极分化严重，特别是中产阶层依然处于培植和发展阶段。

4. 美国的社会阶层结构变迁

美国作为新兴的移民国家，其经济和社会发展水平处于世界的前列，从 18 世纪末建国到现在 300 多年，美国经历了由农业社会向工业社会和后工业社会的两个转变阶段。而其社会阶层结构也在经济和社会变革中发展变化。在早期的工业化和城市化中，随着农村人口向城市流动和城市产业工人队伍的不断壮大，出现了依靠薪水生活、以知识与技术提供服务的白领阶层。特别是二十世纪五六十年代二战后的经济繁荣时期(1945—1960 年，全美国民生产总值增加了一倍)，白领阶层扩大，平均生活水平提高，中产阶级迅速扩大。1964 年调查显示，美国认为自己属于中产阶级的人数达到 44%(F. Levy，1994)，社会阶层结构中庞大的中产阶层比重是美国社会很少经历巨大动荡的根本原因。但随着信息技术的快速发展，从 20 世纪 80 年代开始，美国的中产阶层出现下降的趋势，很多从事白领工作的中间管理阶层和中等收入阶层也被计算机所取代，就像当年机器曾取代并在继续取代很多从事蓝领工作的体力劳动者一样。目前美国的多数学者普遍认为，中产阶级的分化和贫富差距的扩大是信息技术冲击下产业结构和企业组织结构迅速转变的必然代价，也是为了适应经济全球化和更加激烈的国际竞争所做出的反应。可以预计，如果美国不在政策上做出必要的调整，这种社会结构的不协调势必导致中产阶级的不满，并使社会冲突的可能性加剧。

---

① 尤·瓦·阿鲁秋尼扬. 苏联解体后的俄罗斯社会结构[J]. 俄罗斯社会学研究，2002(9).

4.2.2 中国社会阶层结构的变迁

1. 传统中国社会稳定、封闭的阶层结构

传统中国社会是一个由大一统皇权及官僚组织控制的小农经济社会。社会阶层结构也表现为官(包括皇帝、皇族及官僚)、绅(士绅)、民("四民"中的农工商)的权利身份等级。作为统治者的士族一直处于社会的最高阶层,与之形成鲜明对比的是占据人口绝大多数的农民始终是社会的最底层。皇帝—贵族—官吏—地主—工匠、手工业者—农民的社会阶层结构横跨了中国千年的封建史。由于中国传统社会具有的高度稳定性、刚性、封闭性等特征[①],也让中国阶层结构能够保持很长时期的稳定性和封闭性。

2. 近代中国社会动荡、混杂的阶层结构

近代中国,随着西方坚船利炮的入侵和随后上演的军阀混战,中国千年固有的超常态化阶层结构被打破了,皇帝与贵族从神坛上跌落,中国的工商资本家阶级(包括买办资本家、官僚资本家和民族资本家)和产业工人阶级开始登上历史舞台。即便如此,建国以前的中国仍然是传统农业占优势、农民占主体的社会。其阶级阶层结构形态处于封建社会结构与工业资本主义结构相混杂的一种状态,军阀政客、封建大地主、官僚资本家、民族工商业资本家以及外资买办共同组成了社会的上层,而社会的中下层是普通的农民和工人。虽然在几十年的动荡期出现了新兴的资本家阶层,但社会上层和中下层的对立矛盾一直是社会的主题,这种不同阶层间压迫和反压迫的冲突对社会产生了巨大的破坏性。

3. 新中国成立至改革开放期间隔离、凝滞的阶层结构

1949 年新中国成立后,为实现建立一个没有剥削压迫、人人平等的社会,中国进行了一系列社会主义改造。但由于当时的国情和经济发展

---

① 李培林. 关于社会结构的问题——兼论中国传统社会的特征[J]. 社会学研究 1991(1).

的局限性，中国阶层结构的变化并没有向理想化方向发展，反而呈现出隔离和凝滞的趋势。从整体上看，这个时期的阶层结构呈现以下三个特点：第一，城乡间严格的户籍制度将居民的生活区域和身份固化，使占人口大多数的农民无法通过努力自由地进入城市，造成了我国底层大、上层小的金字塔形的社会阶层结构。第二，社会身份层次的简单化。改革前中国农村就业者的身份只有农民，城市就业者只有干部与工人两类。这种干部与工人身份的区分是壁垒分明的，每一个就业者都深知自己的身份地位。第三，行政职务成为社会分层的重要标准。即便是在新中国成立后，官本位思想也一直存在。由于官员在社会权力、声望以及收入上的优势，人们渴望进入政府机关和国营单位工作，将其视为"铁饭碗"。改革前的官本位制作为全社会分层的基础与主线，是由计划经济严密的权力结构决定的。①

4. 改革开放后趋于开放、流动的社会阶层结构

改革开放以来，中国原有的社会阶层结构发生了分化与重组，新的社会阶层结构已经形成。随着改革开放和市场经济的深入，中国社会产生了巨大而深刻的变化，表现为社会分工的精细化和专业化水平的提高、教育的普及和教育水平提高、社会流动的加速等方面，与此同时也改变了原有的阶层结构，并产生了新的阶层：第一，工人队伍的分化以及技术工人数量的增加。目前，我国的工人可分为三个类型，即城市中的工人、农村中的工人和从农村流入城市的农民工。特别是近年来，农民工阶层作为转型期最具有中国特色的群体越来越受到人们的关注，近 2 亿的庞大群体在推进中国城市化的同时，也改变着中国工人阶层在总阶层结构中的比重。第二，个体、私营工商业阶层的兴起。作为市场经济的重要组成部分，个体、私营工商业阶层在社会结构中的比重越来越大，他们是中产阶级的骨干力量，而这个群体的壮大，必然会强化我国中产阶层在社会阶层结构

---

① 李强. 转型时期的中国社会分层结构[M]. 哈尔滨：黑龙江人民出版社，2002：126.

中的比重,有利于促进社会的稳定和发展。第三,户籍制的松动让人口和阶层流动常态化。如果说户籍制度是计划经济时代的产物,它阻碍了人口在地域和阶层之间的流动,那么在市场经济境遇下,我国城乡统筹发展的规划将有助于促进人口在地域和阶层间的流动。大量的农民从农村进入城市,从第一产业加入到第二、第三产业中,经济上从贫困走向富足,都标志着我国社会阶层间的流动正在向正常化迈进,有助于社会阶层结构的良性发展。

4.3 国内外社会阶层结构的比较与启示

4.3.1 社会阶层结构特征分析与比较

1. 国外社会阶层结构变迁的特征

美、日、英、俄等有代表性的国家社会阶层结构的演变总体上包括四个方面:第一,特定制度环境对国家阶层结构有重要的影响。在传统奴隶、封建等森严的等级壁垒下,社会下层和上层分界清晰,社会下层缺乏向上流动的渠道,在阶层固化和阶层间差异性不断扩大的背景下,冲突和矛盾是社会上层和下层关系的常态,这也对社会稳定造成影响。第二,阶层结构的变化同本国经济发展水平联系密切。经济发展水平越高,各个阶层发展和流动的空间越大,随着中产阶层的发展壮大,社会底层所占的比重减小,而中上阶层占比增加。第三,新技术对传统阶层结构产生正向冲击。随着计算机自动化等新型技术的推广和普及,社会对于传统体力型工人的需求量不断降低,而对于掌握一定知识和技能的知识分子的需求和依存度不断提高,从而使教育和技能成为向上流动的重要因素。第四,中产阶层的扩大有利于维持社会的稳定发展。橄榄形的社会结构一直是学者和社会广泛认同的社会阶层结构,其庞大的中产阶层群体可以不断缩小社会阶层间的差距，而且中产阶层本身也是促进社会发展、维持社会稳定的重要力量。此外，从时间维度来分析，处于不同历史时期的阶层结构变化也呈现出差异性，上述国家的阶层结构变化大致可以分为两个阶段：第一阶段，在传统社会，随着奴隶、封建等制度的瓦解，社会阶层划分呈现出从传统的身份分层制向阶级分层制转变的特点，人们的等级关系被新式的雇佣关系取代；第二阶段，在现代社会的经济和新技术推动下，以白领阶层和中产阶级的兴起为标志，全社会的阶层关系趋于缓和状态①。

2. 中国阶层结构变迁的特征

通过对中国阶层结构的历史性梳理，我们可以看出，中国阶层结构呈现出封闭—开放、凝滞—流动的发展态势。从整体发展来看，中国阶层结构呈现良性发展，并表现出一定的特征：

第一，制度限制成为固化阶层结构的重要因素。中国长期以来维持着“官、商、民”简单的阶层结构，是因为统治阶级为了维持统治的需要，在制度设置上缺少使底层民众向上流动的通道。即使在新中国成立后，我国推行的城乡分割的二元制度也在地域、资源分配等领域限制了不同阶层（特别是农民）的发展。

第二，我国的阶层结构呈现出短期内急剧变化的特征。在改革开放以前，我国的阶层结构虽然稳定，但却固化，“两个阶级一个阶层”（工人、农民阶级和知识分子阶层）形成社会结构的主体，经过短短40年的发展，我国已经形成比较完备的阶层结构，并且随着城市化的推进，各个阶层之间的流动也在不断加大，这是一个社会健康发展的重要体现。

第三，我国中产阶层呈壮大趋势。2000年之前，中国社会阶层结构中已经出现了中产阶层崛起的趋势，2000年之后崛起速度加快。2006年，据中国社会科学院对全国综合社会调查数据的综合分析，目前中国中产阶层的规模比例为23%左右，并继续以每年近1%的速度增长。经济

① 李强. 转型时期的中国社会分层结构[M]. 哈尔滨：黑龙江人民出版社，2002：138.

发展促使中产阶层迅速壮大,这一被称为社会“稳定器”阶层的发展无疑有助于整个社会的稳定。

第四,农民阶层迅速分化和缩小。中国作为传统农业国家,农民一直在社会阶层中占大多数,而传统封建体制和城乡二元制度更强化了这个阶层的多数地位。但随着我国改革开放的深入和经济的发展,农业的地位在让位于工业和第三产业的同时,农民阶层的数量也在急剧减少,特别是在大规模农民工进城和城市化的不断推进下,农民阶层在社会总结构中的占比从1978年的82.08%减少到2009年的53.41%。

4.3.2 启迪与借鉴

阶层结构是社会结构中最重要的组成部分,其能否健康发展会影响到社会的发展和稳定。通过对发达国家阶层结构变迁的分析,可以看出,在经济和社会发展比较落后的时期,阶层结构普遍呈现稳定性并逐渐固化,社会阶层单一。由于不同阶层资源占有和利益诉求的差异性,阶层之间关系的对立和矛盾常态化。而随着社会发展和经济水平的提升,阶层结构呈现多元化的趋势,各个阶层之间的差距也在缩小,特别是中产阶层不断崛起壮大,成为维持社会稳定的重要力量。在阶层结构多元化的现代社会,如何维持阶层之间的和谐,促进社会向着理想的橄榄形结构发展是需要重点关注的问题,无论日本还是美国,中产阶层减少的趋势都将影响到整个国家的稳定,而俄罗斯集权下的寡头政治则加大了阶层之间的差距,形成对立。

梳理、比较中国和主要发达国家阶层结构的变迁,可以发现有以下几个因素需要关注:

第一,技术替代与阶层向上流动的问题。对美国来说,信息技术对管理阶层和中等收入阶层的替代作用是中产阶层减少和底层向上流动缩减的重要影响因素。处于工业和现代化水平发展中期的我国虽然当前尚没有大规模地出现类似问题,但随着我国科技水平和产业结构的提升,必然会遇到类似问题。此外,和西方国家相比,我国最大的不同就是数量庞大的农民阶层,而我国社会阶层结构合理化的一个重要环节就是实现农民、农民工顺利向中产阶层流动的问题。这就需要从政策许可和技术培训等层面提升农民、农民工阶层的竞争力,促进其向中产阶层流动。

第二,社会急剧变迁环境下对社会阶层结构稳定性的关注。苏联在解体之前,已经形成新型工人、农民和苏维埃知识分子"三位一体"的"两头小中间大"的橄榄形社会结构,这种阶层结构无疑是有利于社会稳定和发展的,但是随着激进的政治和经济改革,原有的阶层结构均衡的状态被打破,动荡的政治和寡头经济也让社会阶层结构严重分化。从我国来看,改革开放实现了我国经济和社会的巨大飞跃,我国用 30 多年实现了西方国家耗时近百年才实现的社会变迁。但从西方社会的经验和教训来看,一个国家快速稳定发展的必要前提就是拥有一个稳定的社会。30 多年的经济发展已经使我国的社会阶层结构趋于合理,经济上兼顾效率与公平,但是,如果我们没有政治和经济稳定这个大前提,就很难顺利完成西方各国耗时近百年的社会结构变革历程。

第三,国内外阶层结构的变迁。从日本来看,中产阶层呈"下流"趋势:一方面,下层很难向上流动;另一方面,原有的中产阶层在经济和社会压力下向低收入阶层流动。这种趋势让日本的社会中层减少,下层增加,结构逐步失衡。同样,美国在产业结构和技术冲击下,中产阶层也呈下降趋势。整体上看,中产阶层一直在社会中充当"稳定器"的角色,而在社会发展中,中产阶层的减少无疑会加大社会下层的规模,增加社会不满情绪,对社会稳定性产生影响。中国目前正处于经济高速发展的时期,社会阶层结构处于由金字塔形向橄榄形过渡的阶段,这同时也要求我们关注社会建设,关注各个阶层之间的利益均衡和公平,在经济发展的基础上促进中产阶层的壮大和发展。

第5章

文化产业建设的国际比较

文化产业属于经济范畴，是经济社会发展的基础产业之一。任何时候，它都具有战略意义。党和国家提出“科教兴国”的战略方针，实际上已经把文化产业提高到首要地位。文化产业将成为国民经济的支柱产业和新的增长点，成为未来经济发展的重要推动力量。

5.1 文化产业理论研究

5.1.1 西方文化产业的理论渊源

根据西方主流的文化产业理论体系，文化产业理论可以划分为基础理论和应用理论。无论是文化产业中的基础理论还是应用理论，都起源于德国法兰克福学派的“文化工业”理论。

1. 法兰克福学派的“文化工业”理论

法兰克福学派的主要观点集中体现在霍克海默和阿多诺的《启蒙辩证法》、阿多诺的《论流行音乐》和《文化工业再考察》、霍克海默的《艺术和大众文化》和《作为文化批判的哲学》以及本杰明的《机械复制时代中的艺术作品》等著作中。他们认为文化在前资本主义时代是少数阶层的特权，表现为一种精英文化或贵族文化。但到了资本主义发达阶段，随着先进科学技术手段在文艺作品制作中的运用和普及,文艺创作已经变成了一种采用科学工具的机械化和自动化作业。这种文艺作品的大规模复制和批量生产就是所谓的"文化工业"。文化工业的最终产品就是迎合大众精神消费需求的各类产品,也就是大众文化。法兰克福学派对起源于大众文化的"文化工业"理论从艺术和哲学价值评判的双重角度进行了猛烈的抨击,进而对"文化工业"进行全面的批判和否定。他们认为,文化工业赖以存在和发展的动力基础是资本。任何文化产品的生产者都以实现利润最大化作为自己的行为目标,而要实现利润最大化,文化产品必须能够满足广大消费者的需求。因此,迎合文化产品消费者需求就成为文化工业的必然选择。这样,文化产品的提供者只能被动地生产,而不可能客观地自由创造。为了实现利润最大化,文化产品生产者必须不断地扩大产品的市场占有率,导致同样的文化产品被越来越多的消费者所接受。这些商品使得消费者的个性逐渐消失,进而使得人们的思维和行为模式日趋单一化。由于文化工业产品的大众化和机械化复制的特征,相应产品的创作必然会走向程序化。程序化创作又不可避免地带来特定语言或者说规则的限制,从而会大大削弱传统民族语言的表现力,还会破坏传统民族语言既有的优美和纯洁等。虽然这些批判带有明显的时代特征,但他们提出的"文化工业"理论对后来文化产业理论的发展产生了巨大的作用。

2. 西方文化产业的基础理论

文化产业的基础理论肇始于英国伯明翰大学文化研究中心对大众文化和文化产业的研究。研究的对象是文化产品中所包含的具体内容,研究的途径是对文化产品的内容进行意识形态方面的探讨。它对文化产业的符号生产机制和符号生产原则也进行了研究。其代表性学者有斯图亚特·霍尔。霍尔从研究中得出一个重要结论:大众对文化产品的消费过程并不是一个既定意义上的简单接受过程,而是一个意义选择和重构的复杂过程。这一结论标志着传统的文化批判理论已经不应该继续成为阻碍文化产业发展的障碍。美国学者约翰·费斯克对文化产业的基础理论研究也做出了重要的贡献。他对文化产业进行了经济学角度的系统阐述。正是费斯克对文化产业的研究才使得文化产业的理论体系更加完整,后来才有越来越多的文化产业研究者转向了文化及其产业化的双重属性的研究上。

3. 西方文化产业的应用理论

文化产业的应用理论就是有关文化产品的研发、生产和营销以及文化产品的提供企业的管理和运作等方面的理论。它主要是围绕着文化产业的定义与特征,文化产业的产品、服务的跨国界流动和文化产业的价值链等问题展开的。英国著名媒体理论家尼古拉斯·加纳姆在文化产业的应用理论方面做出了重要的贡献。他认为,文化产业采用了特有的生产方式和行业法人组织来进行符号的生产和传播。这些符号的表现形式虽然不是一律作为商品,但是其表现形式却都是文化商品和服务。根据他的定义——“文化产业指那些使用同类生产和组织模式,如工业化的大企业的社会机构,这些机构生产和传播文化产品和文化服务,如报纸、期刊和书籍的出版部门、影像公司、音乐出版部门、商业性体育机构等”①。20 世纪末,查尔斯·兰蒂提出了文化产业的五个阶段性环节,即创意的形成、文化产品的生产、文化产品的流通、文化产品的发送机构和最终消费者的接受等。文化产业的应用理论发展到现在,已经引入了经济学和管理学的诸多知识。

5.1.2 马克思关于精神生产的理论

马克思关于精神生产的理论是唯物史观和政治经济学的重要组成部分。由于受时代的局限,特别是受物质生活资料匮乏的影响,马克思在提

① 汉娜尔·考维恩. 从默认的知识到文化产业[R]//世界文化产业发展前沿报告. 北京:社会科学文献出版社,2004.

出这一理论之后并没有像论述物质生产理论那样详细地、系统地加以展开,但其理论仍然有着丰富而深刻的思想内涵。其主要观点体现在《1844年经济学哲学手稿》《神圣家族》《德意志意识形态》《经济学手稿》(1857—1858)《资本论》(第四卷)等著作中。研究马克思关于精神生产的有关论述,对于我们今天文化产业的发展仍然有着重要的现实指导意义。

1. 精神生产是社会生产的一部分

(1)精神生产的含义。马克思认为劳动是人的生命活动,但人的生命活动的表现形式是多样的。它不仅包括满足人们“肉体需要”的物质生产,而且还包括满足人们“精神需要”的精神生产。正是在这种意义上,马克思认为“人的需要是丰富的”“人的生产是全面的”①。精神生产是人的“生命活动”,即人的“自由的有意识的活动”的一部分。马克思从人的角度考察精神生产,把精神生产理解为“全面生产”的一部分,是“不受肉体需要的支配也进行”的生产,是人的“真正的生产”,是“按照美的规律来建造”的生产②。

(2)精神生产的两种形式。在《剩余价值理论》的非物质生产领域的资本主义表现相关论述中,马克思根据精神生产的产品与精神生产者之间不同的关系把精神生产分为两种:“在非物质生产中,甚至当这种生产纯粹为交换而进行,因而纯粹生产商品的时候,也可能有两种情况:①生产的结果是商品,是使用价值,它们具有离开生产者和消费者而独立的形式,因而能在生产和消费之间的一段时间内存在,并能在这段时间内作为可以出卖的商品而流通,如书、画以及一些脱离艺术家的艺术活动而单独存在的艺术作品;②产品同生产行为不能分离,如一切表演艺术家、演说

① 马克思.1844年经济学哲学手稿[M].北京:人民出版社,1985:53.

② 马克思.1844年经济学哲学手稿[M].北京:人民出版社,1985:54.

家、演员、教员、医生、牧师等的情况”[1]。在这里,马克思把精神生产分为两种:一种是具有一定的物质载体,能够作为商品而独立存在的生产,如作家、画家所从事的活动;另一种是不可以被物化,没有独立存在的形式,离不开精神生产者,或一离开精神生产者,就转瞬即逝的生产,如歌唱家、表演艺术家等从事的精神活动。

(3)精神生产是社会生产的特殊形式。社会生产是人类存在和发展的基础,现实社会中社会生产有不同的形式。其主要表现为物质生产和精神生产。马克思认为,“这种物质的、直接感性的私有财产,是异化了的、人的生命的、物质的、感性的表现。私有财产的运动——生产和消费是以往全部生产的运动的感性表现,也就是说,是人的实现或现实。宗教、家庭、国家、法、道德、科学、艺术等,都不过是生产的一些特殊的方式,并且受生产普遍规律的支配。”[2]这里,马克思把精神生产理解为社会生产的“特殊的方式”,是社会生产的一部分。物质生产主要是生产“物质的”“直接感性的”东西,精神生产则主要是生产理性的、观念的东西,是一种“思想、观念、意识”的生产。

2. 精神生产受物质生产普遍规律的支配

马克思在《1844 年经济学哲学手稿》中指出,各种意识形式的生产都要“受生产的普遍规律的支配”。这一规律是什么,马克思则没有进一步的论述。对这一思想的具体阐发体现在 1845 年马克思、恩格斯合著的《神圣家族》一书中。马克思在论述劳动时间是衡量劳动产品价值大小这一政治经济学的基本原理时指出,“在直接的物质生产领域中,某物品是否应当生产的问题,即物品的价值问题的解决,本质上取决于生产该物品所需要的劳动时间。因为社会是否有时间来实现真正人类的发展,就

① 中共中央马克思恩格斯列宁斯大林著作编译局. 马克思恩格斯全集(第 26 卷)[M]. 北京:人民出版社,1972:442 - 443.

② 马克思. 1844 年经济学哲学手稿[M]. 北京:人民出版社,1985:53 - 54.

是以这种时间的多寡为转移的。甚至精神生产领域也是如此。如果想合理地行动，难道在确定精神生产作品的规模、结构和布局时就不需要考虑生产该作品必需的时间吗？如果不考虑，我们至少会冒这样的危险——我思想中存在的事物永远不会变为现实中的事物，因而它也就只能具有想象中的事物的价值，也就是只有想象的价值。"[①]物质生产的普遍规律之一就是产品的价值取决于生产该产品所需要的社会必要劳动时间。这一规律不仅适用于物质生产，而且同样适用于精神生产，否则，再好的思想也无法变为现实。

3. 精神生产的劳动性质

把精神生产看作生产性劳动，在马克思的经典著作中可以找到多处的论据。马克思指出，"如果一个工作日只够维持一个劳动者的生活，也就是说，只够把他的劳动能力再生产出来，那么，绝对地说，这一劳动是生产的。"[②]在这里"绝对地说"指的就是只要能够创造价值的劳动就是生产劳动。"例如一个演员，哪怕是丑角，只要他被资本家剧院老板雇用，他偿还给资本家的劳动，多于他以工资形式从资本家那里取得的劳动，那么，他就是生产劳动者。"[③]"演员对观众说来，是艺术家，但是对自己的企业主来说，是生产工人。"[④]在社会主义条件下，精神生产的产品同样具有使用价值，能满足社会需要，同样能被消费。如果用它作为商品交换，也同样有价值。马克思认为凡是能够提供使用价值和价值的劳动都是生产劳动，而不论其成果是物质产品还是劳务。马克思在《资本论》中多次指

---

① 中共中央马克思恩格斯列宁斯大林著作编译局. 马克思恩格斯全集(第2卷)[M]. 北京：人民出版社，1957:62.

② 中共中央马克思恩格斯列宁斯大林著作编译局. 马克思恩格斯全集(第26卷)[M]. 北京：人民出版社，1972:143.

③ 中共中央马克思恩格斯列宁斯大林著作编译局. 马克思恩格斯全集(第26卷)[M]. 北京：人民出版社，1972:148.

④ 中共中央马克思恩格斯列宁斯大林著作编译局. 马克思恩格斯论艺术(第1卷)[M]. 北京：中国社会科学出版社，1983:281.

出,形成商品价值的劳动,不仅包括体力劳动,也包括脑力劳动。他说,"我们把劳动力和劳动能力,理解为……体力和智力的总和"[①]。假如精神生产劳动不创造价值,那么一部学术著作和文艺作品就只能计算纸张,笔墨,印刷机磨损和印刷、装订工人劳动的价值,而不能计算科学家、文学家等人的劳动价值。而事实上,出版社都会把科学家、文学家的劳动报酬计入成本,并使之成为精神产品价值的一个组成部分。因此,可以说从事精神生产劳动的知识分子,理所当然地是劳动生产者。正如马克思所指出的,"随着劳动本身协作性质的发展,生产劳动和它的承担者,即生产工人的概念也必然扩大。为了从事生产劳动,现在不一定要亲自动手,只要成为总体工人的一个器官,完成所属的某一种职能就够了。"[②]生产社会化的程序越是发展,总体工人的范围越是扩大,精神劳动的范围就越大,精神生产的劳动者是总体工人的一部分,他们都是商品价值的创造者。

4. 精神生产的世界性

在资本主义条件下,由于商品经济的渗透性、竞争性以及资本的扩张性,决定了资本主义生产方式的开放性,从而使一切国家的生产和消费都成为世界性的了。对此,马克思在《共产党宣言》中指出,"资产阶级,由于开拓了世界市场,使一切国家的生产和消费都成为世界性的了……过去那种地方的和民族的自给自足和闭关自守状态,被各民族的各方面的互相往来和各方面的互相依赖所代替了。物质生产是如此,精神生产也是如此。各民族的精神产品成了公共的财产。民族的片面性和局限性日益变得不可能,于是由许多种民族的和地方的文学形成了一种世界的文

① 中共中央马克思恩格斯列宁斯大林著作编译局. 马克思恩格斯全集(第 23 卷)[M]. 北京:人民出版社,1972:190.

② 中共中央马克思恩格斯列宁斯大林著作编译局. 马克思恩格斯全集(第 23 卷)[M]. 北京:人民出版社,1972:556.

学。”①马克思关于精神生产世界性特征的论断，在当今经济全球化时代，这一特征的趋势还在日益增强。如何进一步借鉴和吸收世界优秀文化成果，抵制外来的精神垃圾，如何正确处理好精神文化产品生产的全球化与本土化、民族性与世界性等关系问题，是发展文化产业必须面对的重要问题。

5.1.3　文化产业概述

1. 文化产业内涵的界定

产业是具有某种同类属性的企业经济活动的集合。它既不是某一企业的某些经济活动，也不是指部分企业的某些或所有经济活动，而是指具有某种同一属性的企业经济活动的总和。产业具有以下某种同类属性或特征：一方面，从需求角度来说，是指具有同类或相互密切竞争关系和替代关系的产品或服务；另一方面，从供应角度来说，是指具有类似生产技术、生产过程、生产工艺等特征的物质生产活动或类似经济性质的服务活动。一般地讲，一个产业包含三个必不可少的要素：(1)必须是一种生产或劳务的活动；(2)提供的产品或服务必须具有同一属性，不会与其他产业的产品混淆；(3)产业是指生产同类产品或服务并在同一市场上发生关系的企业的集合②。产业作为经济单位，它既不属于宏观经济所指的国民经济，也不属于微观经济所指的企业经济活动或居民消费行为。它介于宏观经济和微观经济之间，属于中观经济。随着社会生产力水平的不断提高，产业的内涵不断充实和丰富，其外延也不断扩展。在重农时期，由于手工业依附于农业，尚未形成独立的经济活动，产业主要是指农业。在资本主义工业产生以后，工业的发展对每一个社会经济的发展起

---

① 中共中央马克思恩格斯列宁斯大林著作编译局. 马克思恩格斯选集(第1卷)[M]. 北京：人民出版社，1995：276.

② 王旭，史朝，吴楚直. 知识经济全书[M]. 北京：中国经济出版社，1998：456.

着举足轻重的作用,产业主要是指工业,而且产业常常等同于工业。随着社会生产力的飞速发展,出现了许多新兴服务部门,产业的含义也扩展为包括农业、工业、服务业三大产业及其细分各产业。到了今天,凡是具有投入、产出活动的行业和部门都可以列入产业的范畴。产业不仅包括物质资料部门的生产、流通和服务活动;也包括非物质资料部门生产、流通和服务活动;不仅包括生产部门,也包括流通部门、服务部门乃至文化教育等部门。

目前,在我国尚没有对文化产业的内涵和外延形成统一而权威的定义,但对文化产业的基本概念,在学术界存在着比较一致的看法。

《中国文化产业蓝皮书》中认为,就所提供产品的性质而言,文化产业可以被理解为向消费者提供精神产品或服务的行业;就其经济过程的性质而言,文化产业可以被定义为"按照工业标准生产、再生产、储存以及分配文化产品和服务的一系列活动"。依此定义,现代文化产业实际上是一个巨大的"产业群",它们建立在大规模复制技术基础之上,履行传播最大化的功能,经商业动机的刺激和经济链条的放大,迅速向传统文化艺术的"原创"和"保存"两个基本环节渗透,将"原创"变成"资源开发",将"保存"变成"展示",并将整个过程建立在现代知识产权制度基础之上①。

花建在《产业界面上的文化之舞》一书中将文化产业的特征概括为三点:(1)文化产业必须是提供文化产品和文化服务的大规模商业运作;(2)通过市场化和产业化的组织形态,进行可持续的简单再生产和扩大再生产;(3)文化产业必须以追求利润最大化为企业的核心目标,在提升企业竞争力的过程中,不断提高文化生产和经营的效益。文化产业的主体是一条以企业为主的协作链条,把不同的参与者连接起来,艺术家、经纪人、生产商、销售商……通过分工协作,使文化价值转换为商业价值,又

---

① 江蓝生,谢绳武. 中国文化产业发展报告[M]. 北京:社会科学文献出版社,2002:2-3.

以商业价值的实现过程促成了文化价值的传播，由此他把文化产业形态概括为以生产和经营商品和服务为主要业务，以创造利润为核心，以文化企业为骨干，以文化价值转化成为商业价值的协作关系为纽带，所组成的社会生产的基本组织结构①。

万里在《关于"文化产业"定义的一些思考》一文中将"文化产业"定义如下："为提升人类生活品质，尤其是精神生活品质而提供的一切可以进行商品交易的生产与服务，都可以称之为文化产业。"他认为，"文化产业的一切产品，包括物质、知识、技能、教育、娱乐、服务与精神消费等，都必须具有能够提升人类生活品质，尤其是精神生活品质的特性。"②

笔者认为文化产业是由市场化的行为主体实施的，以满足人们的精神文化需求为目的，而提供文化产品和文化服务的生产、分配、交换的一系列活动的总和。在此定义中需要注意把握以下几点：(1)文化产业的参与主体应该是文化企业；(2)提供的产品和服务用来满足人们精神文化的消费需求；(3)"文化产品和文化服务的生产、分配、交换"是文化产业的本质内涵；(4)行为主体在实现自身经济效益最大化的同时，还要受到文化产品和文化服务这一特殊商品带来的社会效益的制约。

2. 文化产业的特征

(1)营利性

营利性是文化产业与文化事业的根本区别。文化产业的投资者和经营者的主要目的是追求利益最大化，如果无利可图，他们不会投资兴建任何一种文化产业。文化产业的营利性表现为它以企业组织的形式从事有关文化的生产经营活动。公益性文化是基于社会利益为公众提供无偿的文化产品或文化服务，因此，必须由国家财政经费拨款予以保障，如图书馆、文化站、城市文化广场、社区健身设施等。经营性文化产业是以企业

---

① 花建. 产业界面上的文化之舞[M]. 上海：上海人民出版社，2001：40 – 55.

② 万里. 关于"文化产业"定义的一些思考[J]. 湖南第一师范学报，2001(10).

方式完全通过市场进行的文化生产经营活动，如出版社、音像公司、电影厂、书店、影剧院、歌舞厅、咨询公司等。文化产业的营利性决定了它所做的一切，包括生产、销售以及管理等一系列活动都必须考虑企业的利润。

(2)兼顾性

文化产品的意识形态属性决定了文化产业必须兼顾社会效益与经济效益的统一。文化产业作为一种产业来经营，它必须讲求经济效益，这是市场经济的客观要求，否则就无法形成投入、产出、再投入、再产出的良性循环。同时，文化产品的意识形态属性，即它的宣传教育、社会引导、文明建设等功能，又决定了文化产业在追求经济效益的同时，必须兼顾社会效益。社会效益与经济效益二者相互促进，相辅相成。社会效益是实现经济效益的前提，经济效益又反过来为社会效益的实现提供坚实的物质基础。实现经济效益与社会效益的统一是文化产业区别于其他产业的重要特征。

(3)原创性

文化生产的核心是文化内容的生产，而文化内容生产的关键就在于其原创性。文化产品的生产是具有自主知识产权的原创性研究和发明过程，一张空白的光盘或软磁盘售价不过几元钱，而录制上影视节目后售价可达数十元，甚至数百元，其差价就是知识产权所保护的智力劳动成果——影视作品的价值，也就是该智力成果知识产权的价值。每一件文化产品都具有不可重复性、不可替代性和不可再生性。应当说，其他产业的生产也具有原创性，但是没有一个像文化产业这样依赖原创而生存。英国在界定文化产业的时候，甚至把文化产业命名为“创意产业”。英国把广告、艺术、古董市场、手工艺、设计、电影、互动休闲软件、音乐、电视和广播、表演艺术、出版和软件等行业都划入创意产业部门。

(4)知识性

文化产业是从事文化产品生产经营的行业系统。文化产品和文化产业的概念中所涉及的“文化”含义，应当指的是知识文化或“知识型文化”。由于知识文化是以相对稳定的形态出现在人们面前的,因而能够在不同国家、不同民族之间相互传播和交流,并且能以有形和无形的产品形式进行生产经营。文化产业的知识性在于向社会提供各类知识产品和知识服务,满足人们对于文化消费资料的需要。它提供的知识产品大体分为两类:第一类是以工业化方式生产的大众文化产品,如图书、报纸、期刊、音像制品等;第二类是以个体化方式生产的艺术品和技术产品,如书法、绘画、手工艺品等。文化产业提供的知识服务大体可分为直接服务和间接服务两类:直接服务是由专业人员直接传授知识文化,如表演、教育、培训、咨询等;间接服务主要是通过专业产品、实物、景观,并借助专业设备、器械、场地等间接传播知识文化,如电影放映、电视播放、网络传播等。在知识经济时代,一批新兴的文化产业迅速崛起,知识文化生产的品种和产量迅速增长,丰富多彩的知识产品和服务最大限度地满足了人们日益增长的文化消费需求。

3. 文化产业的分类

(1)中国证监会发布的《上市公司行业分类指引》首次将传播与文化产业定为上市公司十三个基本产业门类之一,其下包含出版业、音像业、广播电影电视业、艺术业和信息传播服务业五个大项。证监会采用的这种分类方法与我国当前上市公司的结构状况比较吻合,但是却没有很好地将文化产业的覆盖范围阐释出来。

(2)天津社科院王琳在《中国大城市文化产业综合评价指标体系研究》一文中将文化产业划分为如下行业:新闻出版业、广播电视业、电影业、娱乐业、艺术业、群众文化业、图书馆业、文物业、博物馆业、文化旅游业、博彩业、竞技体育业、广告业和其他(具体包括网络业、文化经纪与代理、文化科技与科研、文化交流)。

(3)中国社科院江燕生主编的《中国文化产业蓝皮书》(社会科学文献出版社,2002 年)中将文化产业划分为如下行业、主体或核心行业,具体包括文化娱乐业、新闻出版、广播影视、音像、网络及计算机服务、旅游、教育。前沿文化产业具体包括文学、戏剧、音乐、美术、摄影、舞蹈、电影电视创作以及工业与建筑设计。拓展的文化产业具体包括广告业和咨询业。

(4)上海社科院的花建在《产业界面上的文化之舞》(上海人民出版社,2001年)一书中根据文化产业的价值链将文化产业划分为三类:文化制造业具体包括报社、出版社和杂志社、影视制作公司、音像制品公司、印刷厂、游乐设备厂、乐器厂、玩具厂、游戏软件公司、体育器材厂、旅游用品厂、文化用品厂、工艺品厂、剧团、电影厂和书画苑等;文化销售业具体包括书画商店、书报摊、音像制品店、花鸟市场、花店、旅游用品商店、文体用品商店和古玩工艺品商店等;文化服务业具体包括图书馆、博物馆、电视台、电台、演出公司、影剧院、娱乐场所、网吧、旅行社、旅游服务公司、游乐园、动植物园、观光点、纪念地、经营性文化培训学校、文化经纪人公司和艺术设计公司等。

(5)北京电影学院赵玉忠教授在《文化市场概论》一书中从文化产业的经营内容和产品载体两个方面对文化产业进行了划分。①按经营内容分类,文化产业可以分为生产、流通、服务三大类:文化商品生产行业包括报社、杂志社、出版社、印刷厂、电影制片厂、洗印厂、音像制作及复录公司、软件开发及制作公司、电视节目制作公司、工艺美术品厂、手工艺品作坊等;文化商品流通行业包括书店、报摊、音像制品及软件制品商店、邮局、报刊发行公司、电影发行公司、音像发行公司、软件代理公司、电视节目发行公司、文化用品批发公司、画廊、文物商店、文物拍卖公司、工艺品商店、文化用品商店、集邮市场、花卉商店、宠物市场等;文化服务行业包括艺术表演团体、体育俱乐部、影剧院、歌舞厅、体育场、体育馆、游戏厅、健身房、照相馆、茶馆、酒吧、网吧、博物馆、展览馆、美术馆、游乐园、植物园、动物园、人文景区、广播电台、电视台、商业网站、私立学校、旅行社、广告公司,以及各类培训、咨询、中介服务机构等。②按产品载体分类,文化产业可以分为印刷媒体、复录媒体、电子媒体、文物媒体、人体媒体、综合媒体等六大类。

(6)叶朗主编的《中国文化产业年度发展报告》按文化产品或文化服务的特性与文化产业辐射半径相结合的原则,将文化产业划分为纸质传媒业、影音传媒业、网络传媒业、广告产业、旅游产业、艺术产业、教育产业、体育产业八大类。

(7)国家统计局制定的《文化及相关产业分类》从文化产品的生产、流通和服务等环节对文化产业进行分类,具体如下:一是新闻服务,如新闻业;二是出版发行和版权服务,包括书、报、刊出版发行,以及知识产权服务等;三是广播、电视、电影服务;四是文化艺术服务、文艺创作、表演及演出场所;五是网络文化服务、互联网信息服务;六是文化休闲娱乐服务、旅游文化服务;七是其他文化服务、文化艺术商务代理服务;八是文化用品、设备及相关文化产品的生产;九是文化用品、设备及相关文化产品的销售。

从以上几种分类模式上看,对文化产业所包含的行业基本上的看法是一致的,但对个别行业,如教育、体育等是否纳入文化产业的范畴,还有着不同的看法。随着科技的进步,社会的发展,文化产业所涵盖的内涵和外延也会做相应的调整。有些行业是否纳入文化产业也要做具体的分析,不能统而笼之。比如教育中单纯提供教育类公共产品或准公共产品的公立中小学教育机构和公立高等教育机构应为教育事业,不能实行产业化。而那些以市场为导向的各级各类教育培训机构、教育经纪企业的教育产业,则可纳入文化产业范畴。总之,要通过对文化产业实践的研究和总结进一步完善我国的文化产业分类体系。

5.2 国外文化产业发展现状与模式

5.2.1 国外主要国家文化产业发展现状

自20世纪90年代以来,文化产业以其独特的文化魅力和惊人的成长速度吸引了世人的目光,文化产业已经成为许多国家的一项重要支柱产业,创造了大量的就业机会,在国民经济中占有举足轻重的地位,成为了国家重要的外汇收入来源,成为经济发展的新引擎。世界范围内,美国的电影业和传媒业、日本的动漫产业、韩国的网络游戏业、德国的出版业、英国的音乐产业等都成为国际上的标志性产业,成为一国综合国力的最直观、最具体的反映。

1. 美国文化产业发展

美国既是文化产业发展最早的国家之一,也是当前文化产业最发达的国家,其文化产业的竞争力和总体实力没有任何国家可以与之分庭抗礼。美国文化产业规模庞大、行业门类齐全,并且大都居于世界领先地位。在美国,最富有的400家公司中有72家是文化企业,美国文化产业的年产值超过了汽车、飞机、计算机等美国的传统行业,成为了第一出口产业。在独有的现代科技和雄厚资本的支持下,美国形成了以电影、音像、报刊、动画、娱乐业、体育业等为核心的强大文化产业群,并且建成了庞大的全球销售网络,控制了许多国家的销售网和众多电影院、出版机构及连锁店。同时,美国利用技术优势,在诸多行业率先进行技术革新和改造,取得了文化产业的先发优势,加之强大的经济实力和政治影响力,美国文化产品遍布全球,获取了高额的利润,取得了"一家独大"的地位。

2. 英国文化产业发展

英国政府从1991年开始重视创意产业的发展,1994年布莱尔任工党主席后拉开了"新英国运动"的序幕，布莱尔出任英国首相后成立了创意产业工作小组，在政府的主导下创意产业逐渐成为推动英国经济转型的主要力量。经过多年的发展，创意产业成为英国仅次于金融服务业的第二大产业。2003年英国首相战略小组指出，如果用就业和产出衡量，伦敦创意产业对经济发展的重要性实际上已经超过了金融业。此外，创意产业成功推动了英国出口，有效地抵补了货物贸易逆差。所有这些都显示了英国经济从制造型向创意服务型的转变①。

3. 德国和法国文化产业发展

德国和法国也是传统的文化产业强国。德国和法国文化产业的发展与其丰富的文化资源相关，两国都是拥有深厚历史文化传统的国家，具有深厚的文化底蕴。文化产业在创造就业机会、推动经济发展和创造社会财富方面发挥着重要作用。德国在出版、影视、表演艺术、会展等领域十分突出，处于世界领先地位。法国政府十分重视文化产业的发展，基础文化设施齐全，文化产业发展水平较高，在电影、图书出版、艺术表演、音乐、美术以及文化旅游等领域处于世界文化产业的前列。

4. 日本和韩国的文化产业发展

在亚洲，日本和韩国的文化产业发展处于领先地位。日本是亚洲文化产业最发达的国家。在20世纪后期，文化产业逐渐成为日本经济的一个重要支柱。日本近几届政府也都把发展资源消耗低、附加值高的文化创意产业作为一项基本国策。日本已经成为世界上最大的动漫制作和输出国。韩国文化产业近年来发展非常迅速，在"文化立国"战略的推动下，以韩剧、网游为龙头的文化产业已成为国民经济的支柱产业。

总之，在世界工业经济时代向后工业化时代转变的过程中，文化产业成为世界发达国家推动经济转型的重要力量，各国政府都致力于制定文化产业发展战略，通过壮大文化产业，培育推进国民经济结构、国家产业

---

① 卢娟. 英国文化创意产业与区域发展[N]. 中国质量报，2007-09-18.

结构转型和升级的主导力量。

5.2.2 国外主要国家文化产业发展模式

文化产业发展具有与一般物质商品经济发展不同的特点，与物质商品经济发展的不同之处在于，文化商品在一定程度上体现了文化生产的公共性，因而在国家层面上具有了意识形态的基本功能和属性①。根据在文化产业发展过程中政府与市场之间的关系，即政府或市场在推进文化产业发展过程中作用的大小，建立国外文化产业的类型分析模型。根据笔者的考察，结合各国文化产业发展的基本状况，可以大致将美、英、德、法、日、韩等文化产业大国分为国家战略推动模式、市场发展模式和混合发展模式三种基本类型。其中，美国、英国是属于典型的市场运营类型；日本、韩国是较为典型的国家战略推动模式；德国、法国在文化管理中，政府作用较大，市场作用也比较明显，介于两种发展模式之间，属于混合型的发展模式。

1. 市场发展模式：美国与英国

市场发展模式是指在“政府－市场”的二元格局中，市场在国家文化产业发展过程中具有核心和决定性的影响和作用。与国家战略推动模式相对应，市场发展模式更强调市场在文化产业发展过程中资源配置的基础性作用，政府除宏观政策调节和少量公共资助外，基本不介入文化产业的运作过程，在文化产业发展过程中，国家政府的行政力量，如政策、法律、税收、公共财政等具有重要影响，但并不具有决定性的作用，主要由文化市场中的生产商、销售商、运营商等市场主体来主导文化产业的发展过程。这一模式在形态上体现为以政府与市场保持“一臂之距”为基础的市场自由发展模式。市场发展模式的前提是市场经济体制较为完备，有

① 傅才武，宋丹娜. 文化市场演进与文化产业发展——当代中国文化产业发展的理论与实践研究[M]. 武汉：湖北人民出版社，2008：107－115.

完善的法律、法规、政策,宏观环境良好,而且行业发展较为规范,注重行业中介组织的重要作用,而政府的角色和定位限于宏观调控领域。这种模式的比较典型的代表国家是美国与英国。

美国文化产业位居全球首位,是世界各国发展文化产业争相效仿的对象。美国文化产业之所以能够领先世界,市场的自由发展模式是基本的动力。美国文化产业的发达有着深厚的背景和基础,强大的经济实力、科技力量和完善的市场体制是美国能够实行市场发展模式的基础条件。美国文化产业发展模式的基本特点包括:

第一,放松管制与提倡自由发展。美国文化产业不设文化部来专门管理,坚持“一臂之距”的管理原则,充分发挥法律政策、中介机构、地方政府、市场体制的作用。所以,在管制行为上,政府是一个宽松的态度,对文化产业的管理比照其他经济形式,倡导自由发展。美国政府对文化放开管制,使文化产业能够在资本市场上寻求更多的资金来源,在技术上能够迅速地实现更新,在管理制度上更快地采用先进的管理方式,面对国际市场动荡能够迅速地做出反应,这是自由市场体制给文化产业发展带来的优越性。

第二,强化法律法规的制度作用。美国文化产业发展中“弱政府”的调控措施主要依赖于法律法规的完善,完善的法律法规体系建造了一个较为有序、公平和竞争的市场环境。美国完善的法律法规体系是其自由经济的基础,在文化产业发展中也建构了较为完备的法律,如税法对产业的支持、版权法对知识产权的保护等。

第三,文化自由贸易原则的推行。在全球化的背景下,美国倡导的自由经济、自由贸易为文化的输出疏通了道路,一大批的文化产品在全球化经济流通过程中输入到世界其他国家。虽然美国所倡导的是文化的互通,也就是贸易上有往有来,但面对强势的美国文化产业,其他国家相对弱势或是稚嫩的文化产业是难以抗衡的,因此,实际上导致了美国文化产业在全球市场上的风靡,造成了文化倾销的现象。同时,在这种全球性的贸易策略下,美国文化产业的运行机制也得到扩展,开始把文化生产和销售的体系和网络铺向全球。

第四,资本市场对产业发展的支撑。美国拥有一个庞大而完善的金融市场,从而能够使文化产业发展获得巨大资金支持。美国的文化产业发展一部分得益于国家和社会资本的投入,如通过基金会、企业、个人赞助等方式,但更多的发展所需资金来自于资本市场,来自于文化企业自身在资本市场上的融资。

第五,发挥行业协会的作用。政府力量在市场上的弱化,使更多的管理职能赋予了行业协会。行业协会作为中介组织有效地承担起了政府赋予的职能,维持了行业的秩序。

与美国相似,英国创意产业的成功也基于市场自由发展的模式。但与美国不同的是,英国在创意产业的推进方面形成了良好的政策体系、产业支持体系和市场运营体系。

第一,在法律法规层面,允许较大的自由空间。英国政府的创意工业政策是目前世界上产业架构最完整的文化产业政策。英国政府为创意产业提供了相当大的政策空间,通过创意出口推广、教育及技能培训、协助企业融资、税务和规章监管、保护知识产权和推动地方自主权六项文化创意产业推动政策来鼓励市场发展①。英国政府在广泛宣传和推广创意概念的过程中,制定了一系列的配套政策和法律、法规,通过资金、税收、培训以及市场准入等手段,加强对创意产业的引导、培育、扶持,使基于个人的创造性活力逐步纳入到国家经济社会发展的产业轨道中。

第二,在政府管理体制上,坚持“一臂之距”的管理原则。政府文化部门很少直接干预文化产业的各个行业以及各个公司和组织的运作,而是通过建立一些不属于官方的第三部门来行使一定的职权,这些中介性

① 牛维麟.国际文化创意产业园区发展研究报告[R].北京:中国人民大学出版社,2007:14-15.

的第三部门由一些中立的专家组成,为政府提供建议和意见,并负责文化经费的划拨,并对相关行业进行监管。

第三,在投资方面,英国政府每年将大量的拨款投入文化艺术领域。英国政府不干预文化市场的具体运作,资助主要通过政府委托非政府公共文化机构实现对文化事业的财政支持,支持比例在50%以下,其余靠自创收入和社会赞助。

虽然同样基于市场力量来发展创意产业,但英国的市场发展模式并没有美国那样自由,政府在创意产业发展中的作用相对更大一些。

2. 国家战略推动模式:日本与韩国

国家战略推动模式是指在促进文化产业发展的诸要素中,国家战略以及相关的政策措施是最重要的资源,是矛盾的主要方面。在国家战略的主导下,国家文化产业领域实现了要素汇聚和力量裂变,走上了快速发展的轨道。这一模式体现为政府在文化产业发展过程中全面介入,市场体制尽管起到了重要的作用,但在文化产业发展过程中不具有决定性的影响。国家通过政府行政力量,如政策、法律、税收、公共财政等强有力的手段推动文化产业发展。

国家战略推动模式所强调的是政府在发展文化产业的过程中具有主体性的作用。这种模式的基本特点就是将文化产业发展作为国家的基本发展战略来对待,将文化产业上升到国家战略的层面,通过多方位的政府举措来强力推动文化产业发展。这种模式比较典型的代表国家是日本和韩国。

日本文化产业崛起,源于“文化立国”战略的实施。在政府层面,使用国家力量全力推动文化产业发展。日本政府在发展文化产业的问题上,提出了“文化立国”和“文化输出”两大战略,体现日本政府发展文化产业的决心。日本“文化立国”战略的基本政策主要包括建设大型国立文化基地,增强文化对外辐射能力;构筑与文化政策相配套的环境政策、观光政策和产业政策;适应时代变迁,实施地域性的“文化街区建设计划”;充实与加强文化设施的内容与功能,推动大型“参与型”的文化事务活动;构筑文化信息的综合系统,致力于新兴文化产业的振兴;适应知识经济时代发展,完善著作权益制度;加强日语国语地位,适应全球化和国际化趋势;建立多元化的文化事业的支援体系;扩大文化遗产保护对象,设立世界文化遗产保护与修复的合作基地和支援体系;重视对亚洲的国际交流与合作,构筑日语教育的国际援助网络。在文化立国基本战略指导下,日本主管文化产业的部门,如文部科学省、经济产业省、总务省、国土交通省等开始积极行动并联合起来,共同推动文化产业的发展。在政府的推动中,文化产业的法律法规体系开始建构起来并发挥着重要作用,中介行业协会也被赋予了更多的职能,各方的力量都有机地在政府的战略层面整合起来并形成文化产业发展的合力。

同时,日本也拥有较为完善的市场机制,按照市场规律经营也是日本文化产业的基本做法。在文化市场中,存在着大量的市场主体,包括个人和企业,这些主体实行商业化运作,以经济效益为基本目标。在文化行业中,基本上都采用现代企业组织形式和生产管理方法,按照国际标准建立标准化、自动化的生产机制,引入国际化的传播、营销手段,建立起全国性及全球性区域销售网络,全面实施商业化运作。

韩国也是运用国家力量发展文化产业的范例。韩国政府从国家战略的高度确立了“文化立国”的发展战略。虽然韩国政府历来重视文化的发展,但政府的地位和作用一直不明显,直到20世纪末,受经济危机影响严重的韩国才开始探索新的发展思路。1998年,韩国政府正式提出“文化立国”的战略,文化产业开始上升到国家战略的地位。韩国政府推动模式的特点包括:第一,政府制定发展规划和战略。在提出了“文化立国”战略后,韩国政府全力推进文化产业的发展,颁布了详尽的产业发展规划,如1999年《文化产业振兴五年计划》、2000年《21世纪文化产业的设想》、2001年《文化韩国21世纪设想》、2003年《漫画产业发展中长期计划(2003—2007年)等。这些规划涉及产业的整体发展,也包括各个行业的具体发展计划,从而将文化产业真正上升到国家战略高度。第二,韩国建立和完善了文化产业发展的管理机构和相关的行业协会。第三,颁布法律法规,提供制度保障。韩国非常重视文化产业的立法工作,颁布了如《文化产业振兴基本法》《关于电影及录像制品振兴法律》等,并修订了《影像振兴基本法》《著作权法》等法规。第四,增加投入,进行资金扶持。韩国政府对文化的财政预算不断加大,2000 年首次突破国家总预算的1%,进入"1 兆韩元时代"。第五,实行国际化战略。韩国首先以中国、日本等亚洲市场为重点,再进一步扩展到欧美市场。

3. 混合发展模式:德国与法国

混合型发展模式是指,在"政府 - 市场"的二元格局中,政府与市场在国家文化产业发展过程中都具有重要的影响和作用。在一定时期和一定阶段上,尽管两者的作用和影响力不是绝对的均等,但差异并不明显。可能在不同的文化产业领域,如动漫产业,政府的影响力较为明显,但对于国家文化产业的整体而言,两者的影响力难分伯仲,故称之为混合型发展模式。混合发展模式中,政府和市场的两种力量都起重要作用,比较典型的代表国家是德国和法国。

德国实行的是宏观控制的社会市场经济,既反对经济上的自由放任,也反对对经济的过度管制,采取政府管理与市场发展相结合的方式。在国家和市场的关系上,遵循的基本原则是国家尽可能少干预,而当需要国家干预时就必须给予必要的干预。这种国家经济管理模式也移植到了文化管理模式上,形成了德国文化产业发展模式。德国的文化产业管理模式既集权又分权。"集权"是指德国从中央到地方的各级政府在文化管理中居于主导地位,这与英国政府通过非政府的中介机构进行文化管理的方式和美国政府的自由市场发展方式相比较,是一种政府集权管理模式;而"分权"是指中央一级的联邦政府通过各个部门,把某些文化管理责任移交给地区、自治市政府,联邦分权是德国文化政策最重要的一个方面[①]。这种集权、分权相结合的文化管理模式,有利于克服由于文化产业过度市场化和商品化所带来的弊端,有利于国家文化发展战略的顺利实施。

法国强调国家和政府在文化发展中的主导作用,但同时又充分尊重市场发展的规律。法国也是发达的市场经济体制国家,但其市场经济体制又有着自己的特点:一是国有经济在国民经济中居于重要地位并发挥着重要作用;二是在市场机制发挥主导作用的基础上实行经济计划,第二次世界大战结束后,法国在坚持市场调节的同时,建立并形成了一套指导性计划体制,开始对国民经济进行广泛而深入的计划干预;三是国家对国民经济的运行实行强有力的干预,法国政府对国民经济的干预在西方各市场经济国家中是最强的,这主要表现在法国政府通过掌握和支配大量的国民财富对国民经济进行深入、广泛的介入,形成了一种独特的市场经济模式[②]。法国市场体制的这三个特点同样也深刻地影响了法国文化产业,使法国政府与文化企业、国有文化单位与私营文化企业、计划调节与市场调节有机地结合在一起,共同发挥着促进文化产业发展的作用。在法国国家主导型市场经济体制下[③],文化产业的发展也表现出国家主导与市场发展的双重特征,属于混合发展模式。

法国政府注重以政策法律来保障文化产业发展,如《法国博物馆法》《电台和电视法》等,同时法国也出台了一系列的文化保护政策和文化产业发展促进政策,尤其是在资金扶植上给予了大量的政策支持。政策和法律倾向决定了法国的文化产业管理中政府发挥了较大的作用,很多产业都依靠政府的扶持和保护,文化部直接管制着全国的文化行业体系。

---

① Burns R, Will W. "German Cultural Policy: an Overview" [J]. International Journal 2003 of Cultural Policy, 2003, 9(2): 133 - 152.

② 孔丹霞. 法国国家主导型市场经济体制探析[J]. 世界经济, 1997(3).

③ 同上.

在政府的资金投入上，每年国家列入了约占全部预算1%的资金用于文化方面，为各个文化行业提供补贴。政府对文化的投入采取直接拨款的方式，不同于美国那样通过社会中介组织，而是由文化和通信部对重要文化机构、地方政府有关部门直接拨款，显示了政府在推进文化产业发展过程中的影响和作用。

5.2.3　国外文化产业发展趋势

在国际上，当代文化产业体系已经比较成熟，在现代经济环境下，国外文化产业呈现出一些新的发展趋势。

1. 文化产业的全球化趋向

全球化是市场经济发展到一定程度的必然结果，市场激烈的竞争打破了国家和地域限制，也把世界各国的经济连为一个整体，营造了无边界的统一市场。当代社会的一个突出特征就是全球化趋势日益明显，在这种大趋势的背景下，全球化的影响力和扩散力不会仅停留在经济和国际交往层面上，文化全球化正日益凸显出来。

从现代文化产业生产要素优化整合的意义上来说，只有在全球范围内对文化资源进行国际化整合和配置才能实现其产业价值，获得高额利润。文化产业对文化资源的国际化吸收和整合的态势日渐明朗。美国派拉蒙影业公司制作的动画片《功夫熊猫4》就是一个鲜明的例子。该影片大量使用了中国文化元素，正是这些中国元素的加入使得其不再局限于美国国内电影市场，其全美首映票房为60 239 130美元，全美累计票房为214 637 586美元，海外累计票房为349 200 000美元，该片在国内外市场上都取得了丰厚利润。另外，美国迪斯尼公司制作的动画片《花木兰》在新加坡首映后，经过全球巡回放映，总收入达3亿美元，成为迪斯尼公司生产的利润最高的影片之一。

文化产品国际化的合作生产也是文化产业全球化趋向的具体表现之一。近年来各国合作生产的文化产品不断增多，如美国电影公司应对日趋激烈的竞争的一条策略就是把电影的生产制作移向海外，从而降低生产成本，规避贸易壁垒。2002 年，韩国与加拿大、德国签约共同制作电视动画片，总投入 500 万加元，加拿大出资 42.55%，德国出资 36.17%，韩国出资 21.28%①。另外，影片《泰坦尼克号》实际上是由 7 个国家的 30 多家公司协作完成的，其中，影片中的特技制作包给了由 16 家中小技术公司协助的 Digital Domain 公司，音乐制作则包给了索尼公司，多方位的合作使该片获得了极大的成功。

文化产品与服务的消费方式、市场流通也日益呈现出全球化趋向。以经营审美、娱乐、享受为特征的符号、图像、文字、设计、声音等文化产品具有全球的流动性。一本畅销书，从《时间简史》到《哈利 · 波特》都可以在全世界各地以各种文字同时发行。随着文化的产业化，特别是随着文化传播技术的发展，文化产品比起其他产品更迅速、更便捷地传播到世界各地。只要允许，在任何一国的文化市场上都可以找到世界各国的文化产品，任何一国的文化产品都可以进入到世界各国的市场，而且不会遇到通常货物贸易中经常遇到的运输方面的困难。

总之，随着经济全球化进程的加速，越来越多的文化产品和服务实现了全球共享，文化产业中的文化资源不再只是某一国或某一地区内部的资源。应对文化资源进行国际化整合和利用，文化产品的生产和销售体系也应是更为专业的国际化协作体系。

2. 文化产业发展的区域不平衡

近年来，各国文化产业都得到了快速发展，文化市场的开发越来越具有全球化性质，国外文化市场的竞争日趋激烈。从国际视野审视文化产业，我们发现，虽然当今各国都在大力发展本国的文化产业，但区域文化产业发展的不平衡现象也变得越发严重。发达国家在经济发展中占有的绝对优势让他们在经济全球化进程中的收益远远大于发展中国家。西方

① 张永文，李谷兰. 韩国发展文化产业的战略和措施[J]. 北京观察，2003(2).

发达国家的强势文化产业集团,凭借着其雄厚的经济实力、高新科学技术、丰富的经营管理经验,向全球文化市场进军,不断扩大国际市场的占有份额,挤压弱势国家的文化发展空间,这就使得各国文化产业发展的不平衡趋势进一步加剧。

在世界文化市场上,文化产业强国占据绝大部分的市场份额,美国占有市场总额的43%左右,欧洲占有34%,而作为发展中地区的亚洲和南太平洋国家总共只占到了19%。1990年,日本、美国、德国和英国是世界四大文化产品出口国,他们占世界文化产品出口总额的55.4%。到1998年,中国成为了世界第三大文化产品出口国,美、英、德、日、中五国占世界文化产品出口的53%,占进口的57%[①]。在西方发达国家的九大媒体巨头引导下,全球50家大的媒体娱乐公司占据了当今世界上95%的文化市场。目前传播于世界各地的新闻节目,90%以上由西方七大国家垄断,其中,70%又由跨国大公司垄断[②]。文化市场发展的极度不平衡实际上就是文化产业发展不平衡的具体表现。

美国公司出产的影片只占全球影片产量的6.7%,但是全世界上映的电影大约有85%是好莱坞制造的,占到了全球放映时间的50%以上、票房收入的2/3。1993年,世界大的影视公司有36%在美国,36%在欧盟,26%在日本。1997年,超过50%的大公司集中到了美国。欧洲影视贸易的赤字也随之从1993年的35亿美元上升到1998年60亿美元。发展中国家在文化商品贸易中所占的份额更是越来越少。整个非洲大陆平均每年只生产42部自己的电影,其市场上95%的电影都是来自进口[③]。另外,在亚太地区上空有200多个卫星电视频道,其中绝大部分是西方三大电视集团对亚洲开办的电视频道。美国更是控制了全球75%的电视

① 张玉国.文化产业与政策导论[M].北京:高等教育出版社,2006:17.

② 黄俊平.国际文化产业发展趋势浅析[J].政策瞭望,2005(9).

③ 李怀亮.全球性寡头垄断世界电影市场[EB/OL].http://zhuangshi.hui - chao.com/jiaju_51077868.htm.

节目生产和传播,许多第三世界国家的电视节目有60% ~80%的栏目内容来自美国,几乎成了美国电视节目的转播站①。2000年美国图书市场销售额达253.2亿美元,约占2000年世界图书市场销售总额850亿美元的30%,其次是德国、日本、英国、法国等,中国位于第10位。大约2/3以上的图书市场集中在欧美国家,也就是说其他所有国家和地区的图书市场销售额总共才占世界的1/3。

西方文化产业发达国家文化产品和服务的对外销售,严重冲击并大幅压缩了发展中国家广播、电视、电影的收视市场,使各国之间文化产业的发展更加不平衡。2000年,全球音乐唱片市场总值是385亿美元,其中,美国市场所占份额为37%,达到了143亿美元;而日本、英国、德国和法国几大市场占全球市场份额的比例依次为16.7%,7.6%,7.4%,5.5%。在2002年《财富》杂志评出的全球最受赞赏的6家娱乐公司名单中,美国公司占据一半,当年销售额高达867.25亿美元。在互联网交易方面,2002年仅美国就占全球3 330亿美元网上交易总额的64%,美国的游戏产量也占到了全球的40%②。另据统计,由美国公司生产的音乐唱片已占世界音乐唱片消费总量的60%③。

当代世界文化产业形成梯度结构,美国占领世界文化产业发展的制高点,随后跟随的是英国、德国、法国、日本、韩国等文化产业强国,其他国家的文化产业在世界范围内市场空间狭小,几乎成为上述国家文化产品的倾销市场。

3. 文化产业发展的集群化

随着文化经济的增长,行业的不断壮大,产业结构的日益合理,文化产业的集群化发展是一个必然的趋势。尤其是在城市,文化产业的集群

① 李怀亮.全球性寡头垄断世界电影市场[EB/OL].http://zhuangshi.hui - chao.com/jiaju_51077868.htm.

② 蔡尚伟,温洪泉.文化产业导论[M].上海:复旦大学出版社,2006:69.

③ 张志宏.美国文化产业的概况和发展经验[H/OL].文化管理传播网,2006 -6 -20.

化趋势越发明显，大量的文化产业集聚区、产业园区开始整合原有的分散的行业分布形态，成为一个个典型的集群发展区域。

目前世界上已形成了许多著名的文化产业集群。美国在以好莱坞为中心的洛杉矶以及纽约形成了影视产业的集聚，而且集聚的趋势不断加强。洛杉矶和纽约的文化产业集聚首先是电影产业的集聚，随着电视兴起，产业集聚开始扩大了范围，电影与电视开始渗透和融合，逐渐形成了一个媒体产业集聚区。英国伦敦西区是艺术集群的基地，是与纽约百老汇齐名的世界两大戏剧中心，有40多家剧院，平均每个剧院每年演出400场左右。日本东京是文化产业集群最为明显的区域，是日本的电视、电影的制作中心，各种媒介集聚在一起，并被巨大的广播公司所围绕组成了全国网络，加上东京周边地区的TBS、明石全国广播公司和NHK，使得这一地区成为了媒介堡垒[①]。在韩国，首尔的"忠武路"是电影的象征，也是韩国电影产业集群的代名词。自20世纪60年代起，这里就云集着各类影剧院、电影制作公司和各种电影人工作室，其热闹程度不亚于洛杉矶的星光大道和纽约的百老汇[②]。另外，德国汉诺威是会展业的集群区，被誉为"世界展览之都"，德国的展览面积总计将近700万平方米，仅汉诺威一城就拥有40多万平方米的展览面积。法国影视业集聚于巴黎，大量的电影制片公司集中在巴黎中心西部的第八区，相应的一些广告公司、唱片公司和电视广播服务公司也集中在第八区。

4. 文化产业发展的规模化

自20世纪90年代以来，国外文化产业出现了大规模的产业结构调整，通过兼并、重组，在世界范围内形成了少数几个全球性的产业集团，覆盖了传媒、娱乐等诸多门类。例如，1994年，拥有570亿美元资产的迪士尼公司收购了ABC，创下了广播影视产业兼并的最高纪录，经营范围涉

---

① 刘蔚.文化产业集群的形成机理研究[D].广州：暨南大学，2007.

② 王亚川.文化产业发展的若干趋势分析[J].北京社会科学，2006(5).

及媒体网络、影视娱乐、主题公园、游乐场、消费品和互联网等。

产业结构调整,企业兼并重组,促进文化产业的强强联合,使得文化产业在管理模式、资金使用、技术开发与市场开拓方面得以重组,各行业之间的优势得以互补,经营风险得到降低,从而推动文化产业迅速成长为集中化程度高、产业跨度大、发展速度快的产业①。

5. 文化产业发展的网络化

随着计算机网络技术的发展和兴盛,文化产业的网络化趋势越来越明显。尤其是互联网的出现,使文化消费和文化娱乐的形式发生了翻天覆地的变化,互联网可以为大众提供众多的娱乐消费产品,音乐、电影、广播、电视、游戏等娱乐方式都可以通过互联网来实现。网络技术、信息技术与文化产业的联姻使文化产业各个业态的融合程度加深,以网络化形态存在的文化产业将会成为文化产业发展的主流趋势。

在全球25个互联网最普及的国家中,借助于互联网,文化服务业所创造的价值比开通互联网前平均增加175%,从业人员增加43%。在美国,因特网普及之后,文化产业所创造的社会价值占社会总产值的比例,从过去的20%上升至30%以上,达到9 000亿美元。以美国国会图书馆为例,随着国际互联网的开通,该馆成为北美乃至世界最大的网络信息服务商,每天上网访问国会图书馆网站的读者就达3万人次,围绕网络进行数据库服务的年收入达3亿多美元。其文化产品也由原来的图书、胶片发展为光盘、网站、数据库等形式,成为全球进行文献信息服务的最大企业②。在发达国家,以网络化、数字化技术装备起来的产业机器及各种以高科技为载体或包装的文化产品,不仅创造了全新的生活理念,而且也刺激了新的文化需求。调查显示,美国已经有58%的报纸和杂志拥有自己的互联网站。到2000年4月,美国31%的网站上至少有一半内容使用的

---

① 赵力平. 世界文化产业发展趋势与特点[N]. 浙江日报,2002-04-29.

② 荚莺敏. 国际文化产业发展趋势浅析[J]. 群众,2003(6).

是原创材料，这一数字是1996年的4倍多。这表明美国已经开始把互联网看成是一种独特的传播媒介，而不仅仅只是一种备用的发行系统。

6. 文化产业发展的数字化

数字技术已经在文化产业发展中引起了深刻的变革。具有可变数据、个性化、网络化的数字化印刷成为未来的趋势，而具有高清晰度、高保真度、提供视觉奇观的数字电影凭借其特殊的内容压缩和加密技术为盗版行为设置了更高的壁垒，为电影业的未来发展提供了历史机遇；数字收音机、数字录音机与数字唱片互促互进，共同推动着音像业和广播业迈入数字化时代；数字电视实现了电视节目从采集、拍摄到传输、接收等全过程的数字化，让电视能够提供视频点播、远程服务、在线游戏等增值服务，为观众带来了全新的视觉享受，并成为电视业的新经济增值点；而以计算机为载体的网络游戏产业大放光彩，为游戏消费用户提供了多元化硬件平台，为游戏运营商提供了更多选择的盈利模式[①]。信息经济时代，数字媒体技术、数字版权技术等新的技术革新已经开始促使数字化成为文化产业发展的主流趋势。

5.3　国外文化产业比较及其对我国的启示

作为一种新兴的产业经济形态，中外文化产业的发展具有共性。但国外文化产业体制是一种从市场经济体制中自然生长出来的产业结构，经历了一个长期的内生成长过程。我国的文化产业存在于由计划体制向市场体系转轨的过渡性环境中，发展路径由外部植入，国外经验不乏制度示范意义。本节旨在总结文化产业发展的国外经验，并结合我国文化产业发展现状，明确中国文化产业发展的基本战略定位，提出推动我国文化

---

① 解学芳. 科技创新推动文化产业步入数字化进程[J]. 科技促进发展，2007(6).

产业发展的相关政策建议。

5.3.1 国外文化产业比较

1. 政策法律体系完备,政府与市场关系边界清晰

通过对美、英、法、德、日、韩6国文化产业发展情况的比较,笔者发现,这些国家文化产业发展迅速的一个重要的原因就是政策、法律体系完备,国家通过政策法律体系来调控文化产业的发展,来界定政府与市场在促进文化产业发展中发挥作用的边界。

例如,美国文化产业法律体系相当完善,文化产业发展大多以法律的形式予以规范。美国对文化产业具有重大影响的法律法规主要有《联邦税收法》《国家艺术及人文事业基金法》《版权法》《无线电法》《1996年电信法案》以及《文娱版权法》等。这些法律法规都对文化产业、文化市场起到了重要的规范作用,从而使政府局限于宏观管理领域,也就给文化产业发展提供了广阔的市场空间。英国与文化产业相关的法律法规有《关于刺激企业赞助艺术办法》《电影法》《英国艺术组织戏剧政策》等,法国涉及文化产业方面的法律法规有《税制总法典》《企业参与文化赞助税收法》《文化赞助税制》《共同赞助法》等,日本有《著作权法》《研究交流促进法》《文化艺术振兴基本法》等,韩国有《文化产业振兴基本法》《设立文化地区特别法》《出版与印刷基本法》等。各国政策法律的一个明显特点是既有宏观性、全局性的文化产业基本法,又有中长期的战略规划和政策措施,而且还针对每个具体的文化行业出台专门的政策法律,几乎涵盖了所有的文化行业。

在法律体系较为完备的情况下,政府的管理职能相对明确,政府运用的管理手段更多地体现为法律手段、经济手段,而非单一的行政手段。同时,政府退出的市场空间给予了行业协会更多的活动空间,能够有效地发挥“第三方”的作用。

2. 明确文化管理体制,保证文化发展空间

政府文化管理体制是影响文化产业发展的决定性因素之一。英国、美国文化产业之所以发展较好,与政府独特的文化管理体制密不可分。

如前文所述,美国政府不设置专门的文化管理部门,主要借助于法律、法规、政策的宏观调控来促进文化产业发展。联邦艺术暨人文委员会、国家艺术基金会、国家人文基金会等社会中介组织(或者说是准官方机构)代表政府行使大部分的管理职能。美国政府有意创造一个自由、公平的文化产业发展环境,为文化产业提供优惠政策,鼓励多元化的文化投资机制和多种经营方式,鼓励非文化企业和境外资金投入文化产业。美国政府在文化产业发展方面倾向于实行自由主义的策略,政府除了在政策上提供必要的扶持外,基本上不干涉文化产业发展的市场化运作。

英国政府采取"一臂之距"的管理原则。中央政府部门在其与接受拨款的文化艺术团体和机构之间,设置一级作为非政府的公共中介机构,负责向政府提供政策咨询,具体分配政府拨款,协助政府制定并具体实施政策等。这类机构的经费源于政府的拨款,但在运作上相对独立,并不受政府的行政干预和管辖①。"一臂之距"原则使政府不直接管理文化艺术机构或企业,政府与文化机构(企业)之间既有一定的联系,又保持一定的距离。这种管理体制给英国文化产业营造了相对宽松的外部环境。

文化基金会在国外文化产业发展过程中发挥了重要的作用。文化艺术基金会作为准政府机构,发挥着扶持、引导和规范文化艺术发展的职能。政府一方面通过直接的财政拨款和间接的税收减免等措施给予文化艺术机构资金上的支持,另一方面又通过艺术理事会或国家文化基金(会)参与管理国家文化事务,并对个体艺术家和文化机构提

① 范中汇. 英国文化[M]. 北京:文化艺术出版社,2003:95.

供资助。

除英国外,丹麦、芬兰、加拿大、澳大利亚、奥地利、比利时、瑞典、瑞士等国也相似地采用这种文化管理体制。如在丹麦,政府逐步缩减直接支配的资金,而由丹麦国家艺术基金会等非政府组织来实施。芬兰对文化的资助,很大程度上由芬兰艺术委员会和地区艺术委员会实施①。

3. 利用政府与市场的双重力量,推动资本渠道多元化

文化产业发展的投资主要有两个渠道:一方面是政府奖励性、扶植性、优惠性的拨款和补助,另一方面是来自于社会的投资。西方文化产业强国往往采取直接投入、间接投入等多种投入相结合的模式,为文化产业发展提供经费保障。

美国《国家艺术及人文事业基金法》保证了国家每年拿出相当比例的资金投入文化艺术,国家艺术基金会、国家人文基金会和博物馆学会等中介组织承担对文化艺术业的资助任务,同时州和市政府以及联邦政府某些部门在文化方面也提供资助。美国各级政府对文化产业的直接投入在西方发达国家中是最少的,但是若加上社会、企业的资助,美国每年的文化投入可达60亿美元(其中联邦政府仅11亿美元)②。英国创意产业的发展有政府拨款、准政府组织资助、基金会赞助等方式,而这些只是常规性的拨款。此外,英国还有一种特殊的资金筹集方式,即通过发行彩票筹集文化发展经费。法国每年都拨款几十亿法郎用于兴建图书馆、博物馆、剧场等文化设施。韩国同样对文化产业注入大量的资金,包括国家的投入、地方的投入、企业的赞助等形式。

此外,西方文化产业大国以跨国公司为核心,通过项目运作的方式,吸引大量的社会资金投资文化产业。借助于政府与民间两种渠道,世界文化产业大国在文化产业领域基本上形成了一个多元主体的投融资

① 李红琼. 一臂之距:丹麦、芬兰的艺术资助模式[N]. 中国文化报,2007-11-5.

② 海图书馆课题组. 全球视野中的都市文化建设[J]. 毛泽东邓小平理论研究,2000(1).

体系。

4. 文化科技含量高,科技带动作用强

科技不再是一种辅助性的工具手段,而是现代经济发展的一个重要依托。在西方发达国家,以各种高科技为载体的文化产品和文化服务,不仅丰富了人们的精神文化生活,还影响了人们的生活理念。文化产品借助于科技的力量,向全世界流通。艺术表演、网络产品、广播电影电视节目、图书出版、动漫游戏等每一个文化行业从产品的生产开始,到产品传播、消费,每个环节都与技术密切相关。随着文化产业的不断发展,科技创新在文化产业中的作用变得愈发重要:一方面基于高科技平台的网络游戏、动漫、数字娱乐产品等行业获得了高速的发展;另一方面传统的文化行业,如广播电视、图书出版、表演艺术行业等借助于科技力量获得了新的竞争力,呈现出新的形态。在西方发达国家,科学技术的发展将文化产业推向了新的发展领域,使文化产业呈现出新的发展形态,数字化、网络化成为文化产业发展的基本趋势。注重科技与文化的融合、发挥技术带动作用是世界文化产业大国发展的一条重要经验。

5. 利用国家力量,拓展国际市场

在世界经济全球化、一体化的趋势下,文化产业的发展已成为各国的国家战略。文化产业发展强国在发展文化产业时,都提出了国际化战略,充分利用国家力量,积极拓展国际市场。美国文化产业发展过程中,政府通过强大的经济实力和文化渗透力,以及美国在国际市场上的话语权,利用政府力量推动美国文化产品和服务的出口贸易。美国政府经常使用的一个手段就是利用国际性的组织作为文化输出的工具。例如,在WTO规则中,就有设置了诸多有利于美国文化输出的条例①。英国政府同样运用政府的强大力量来推动英国创意产业的国际化,英国的三个产业出口指导小组就是为推动国际化战略而专门设置的机构。日本成立了"内容

① 李怀亮.国际文化贸易教程[M].北京:中国人民大学出版社,2007:110.

产品海外流通促进机构”，专门负责支持文化产业海外市场的开拓和维权活动。

除了政府力量外，一些实力强大的跨国性文化公司也起到了巨大的助推作用。在各国政府的大力支持下，跨国公司通过建构世界文化贸易的营销网络，打通文化贸易的国际渠道，使本国的文化产业能够在国际分工和竞争中占据有利地位。

6. 人才培养体系完备，用人机制灵活

文化产业既是一个交叉型、边缘型的新兴产业，又是一个深度依赖于知识、创意和技术的产业，文化人才必然是文化产业发展的中坚力量。世界文化产业大国都十分重视对文化产业人才的培养，人才队伍成为文化产业发展过程中的重要支撑体系。

美国对于文化艺术人才和文化产业人才实行“引入和培育”两手抓。美国凭借其雄厚的经济实力和优越的文化环境，从世界各国吸引了大量优秀文化艺术人才。同时，美国大力发展高等教育，对文化艺术管理人才和艺术人才的培训一直处于世界领先地位。英国在1997年提出了“全国学习网”计划，并在第二年建成了全国性的教育门户网站——全国学习网络(NGFL)，该网站连通了所有的学校与教育机构以及博物馆等教育资源。日本人才培养一方面通过学校教育来实现，另一方面积极与企业联合，培养实用型人才。这些国家对文化艺术与文化产业人才的重视得到了巨大的回报，数量多、素质高的文化产业人才队伍使这些国家在文化产业领域保持了竞争优势，极大地促进了本国文化产业的发展。

综上所述，国外文化产业发展的经验表明，尽管国家文化产业的发展要受到市场、技术、人才和文化资源等方面的制约，但政府在推进国家文化产业发展过程中具有独特的作用。世界文化产业大国在政策法律、管理体制、市场运行机制、科学技术、人才培养与流动方面，都形成了一套与本国国情相适应并且行之有效的发展模式，从而极大地推动了本国文化产业的发展。

5.3.2　中国文化产业发展战略目标和政策选择

1. 中国文化产业发展战略目标的确立与路径选择

(1) 中国文化产业发展战略目标的确立

随着中国文化产业的飞跃发展,文化产业的战略地位不断得到政府的重视,我国集中出台了一系列加快文化体制改革和扶植文化产业发展的政策措施。2002 年 11 月,党的十六大报告指出,发展文化产业是市场经济条件下繁荣社会主义文化、满足人民群众精神文化需求的重要途径,提出要"积极发展文化事业和文化产业","完善文化产业政策,支持文化产业发展,增强我国文化产业的整体实力和竞争力"。2003 年 10 月,党的十六届三中全会通过了《中共中央关于完善社会主义市场经济体制若干问题的决定》,文化产业的战略地位得到了进一步确认,国家开始将文化产业列为国民经济的重要产业,纳入国民经济发展的总体规划。2004 年 9 月,中共十六届四中全会通过的《中共中央关于加强党的执政能力建设的决定》提出,要"促进文化事业的全面繁荣和文化产业的快速发展,增强我国文化的总体实力"。2005 年 10 月,中共十六届五中全会通过了《中共中央关于制定国民经济和社会发展第十一个五年计划的建议》,将积极发展文化事业和文化产业、深化文化体制改革、完善文化产业政策作为在"十一五"期间丰富人民群众精神文化生活、推进社会主义和谐社会建设的重大举措。2006 年 3 月,十届全国人大四次会议表决通过了《关于〈国民经济和社会发展第十一个五年规划纲要〉的决议》,提出积极发展文化事业和文化产业,创造更多适应人民群众需求的优秀文化产品。

2007 年 10 月,胡锦涛总书记在十七大报告中提出了"推动社会主义文化大发展大繁荣"的战略发展目标,要求"大力发展文化产业,实施重大文化产业项目带动战略,加快文化产业基地和区域性特色文化产业群建设,培育文化产业骨干企业和战略投资者,繁荣文化市场,增强国际竞争力"。十七大报告对我国文化产业发展战略目标的深刻内涵做了深入阐述,即发展文化产业以培育新的经济增长点,以提升中华民族文化的竞争力,以增强国家文化软实力。

党的十八大报告进一步强化了文化建设在中国特色社会主义“五位一体”总体布局中的重要地位,对扎实推进社会主义文化强国建设做出专门部署,深刻反映了社会主义文化发展的本质要求,鲜明回答了我国文化改革发展走什么路、朝着什么目标前进这个具有方向性、根本性、战略性的重大问题,对于加快发展文化产业、推动社会主义文化大发展大繁荣具有重要指导意义。

基于对文化产业优势和特性的认识,2003 年,文化部制定了《关于支持和促进文化产业发展的若干意见》,提出了我国文化产业发展的目标:在国家宏观调控下,市场机制在文化资源配置上的基础性作用得到充分发挥;文化产业各个门类结构合理、技术先进,形成一批实力雄厚、竞争力强的文化企业和有影响的文化品牌,建立一定规模的现代化文化产品生产、服务和销售网络,文化产业整体实力和竞争力明显增强,在国际市场上占有一定份额;文化产业增长速度明显高于国民经济增长速度,文化消费在日常消费中所占的比例明显提高。到 2010 年,形成比较完备的有利于文化产业发展的政策法规体系,形成比较发达的文化产品生产体系以及统一开放、竞争有序的文化市场体系,使文化产业成为国民经济的支柱产业和新的增长点。

2012 年 2 月,中共中央办公厅、国务院办公厅印发《国家“十二五”时期文化改革发展规划纲要》,重申了十七届六中全会提出的文化改革发展的指导思想,明确了“五个坚持”的重要方针,这就是坚持以马克思主义为指导,坚持社会主义先进文化前进方向,坚持以人为本,坚持把社会效益放在首位,坚持改革开放,将提出的战略目标、大政方针、政策措施进行了数量化、项目化和具体化。

综上,笔者认为,文化产业发展的战略目标应体现为一个由多个目标组成的综合性目标体系。归纳起来,即遵循市场经济规律和文化产业发展规律，按照建设中国特色社会主义“四位一体”的要求，大力发展文化产业，通过健全制度、完善政策、依靠科技、重点扶持、创新方式等措施，不断增强文化产业的综合实力和竞争力，满足人民群众精神文化生活的需要，推动文化“走出去”，努力实现文化产业又好又快发展。

(2)中国文化产业发展的路径选择

中国文化产业的发展面临着一个复杂的局面和环境，而且中国文化产业本身仍处在一个发展初期，对文化产业发展路径的选择，也有着多种可能。如何才能选择一个适宜的发展路径，促进文化产业的跨越式发展，是我们当前发展文化产业所必须解决而且要尽快解决的一个课题。

第一，深化文化体制改革，破除文化产业发展的体制障碍。

文化体制改革的基本目标是改革计划经济时代建立的文化体制，建立一个适应市场经济发展的文化体制。我国从 1978 年改革开放后就开始了文化体制改革的历程，至今已有 30 年。在这个过程中，文化体制改革取得了不小的成效，计划体制的一些弊端也得到消减，但从改革目标来看，尚没有建立一个适应市场经济的文化体制，文化体制中的一些核心问题还未解决，政府的文化管理职能还有待于进一步转变。与世界文化产业大国市场经济体制下的文化管理体制相比，我国的文化管理体制表现出的特点是仍然比较封闭、死板，政府还不是一个宏观性、指导性的管理机构，行业协会的力量尚未成长起来，文化市场体系也不尽完善。因此，进一步深化文化体制改革，创造良好的文化产业发展制度环境、市场环境、技术环境，仍是我们面对的一项艰巨任务。2005 年底，中共中央、国务院发布了《关于深化文化体制改革的若干意见》，重新明确了我国文化体制改革的目标任务，即以发展为主题，以改革为动力，以体制机制创新为重点，形成科学、有效的宏观文化管理体制，富有效率的文化生产和服务的微观运行机制，以公有制为主体、多种所有制共同发展的文化产业格局和统一、开放、竞争、有序的现代文化市场体系；形成完善的文化创新体系，形成以民族文化为主体、吸收外来有益文化，推动中华文化走向世界的开放的文化格局[1]。目标任务的明确既为文化体制改革提供了方向，也为我们选择改革路径提供了思路。

第二，建立健全文化市场，创造文化产业发展的市场环境。

健全文化市场的目的就是形成公平竞争的文化市场机制，为文化产业营造一个良好的产业发展环境[2]。我国文化市场发展起步较晚，是在市场经济体制不断建构的过程中逐步形成、发展起来的，在生产、消费、流通等市场环节上尚不完善，统一、开放、竞争、有序的市场秩序也尚待建构。文化市场体系的不完善阻碍了当前文化产业的高速发展，因此，必须不断建立健全文化市场体系，为文化产业发展创造良好的市场发展环境。

第三，培育文化产业机构，壮大文化市场主体。

中国文化产业中的市场主体一部分源于事业单位转制后面向市场的文化单位，另一部分是在市场中自发生成的。事业性文化单位、转企改制的文化企业大多没有完全独立的法人地位，带有较浓的行政色彩，并不是真正意义上的市场经营主体。而市场中萌发的文化企业的现状是资源的可获得性小，发展起步晚，规模小，竞争力不强。所以，要促进我国文化产业的发展，必须大力培育文化产业机构，壮大文化市场主体。

2. 中国文化产业发展的政策建议

在明确我国文化产业的战略定位并深入分析存在的问题的基础上，参照国外文化产业发展的基本经验，笔者为中国文化产业的发展提出以下政策建议：

（1）完善文化立法，提供制度保障

推动我国文化产业发展，应当完善我国文化产业的法律体系，加快法制建设，弥补法律缺位，使文化产业发展有法可依。要全面梳理我国有关文化的法律、政策和条例，找出结构缺陷和不足。同时，摸清文化产业现

① 中共中央国务院关于深化文化体制改革的若干意见（要点摘录）[J]．领导科学，2006(2)．

② 祁述裕．中国文化产业发展战略目标[M]．北京：社会科学文献出版社，2008：265．

状,结合文化产业实际需要,确立文化法律体系建设的基本方向,拟定文化法律体系的整体框架。要加快制定“文化产业促进法”,构建权威性的文化产业国家大法。作为一个新兴行业,文化产业亟待一个权威的统筹全局的行业法律来进行规范、指导。要修订文化产业部门、行业法律法规,完善文化法律体系。文化产业是一个涵盖范围广阔的综合性产业,既包括了传统的广电、新闻出版、文化艺术,也有新兴的会展、动漫、游戏等行业,行业之间差异巨大。当前,急需抓紧制定的行业文化法律有“演出法”“出版法”“电影法”“新闻法”“图书馆法”“博物馆法”“文化市场管理法”等。要明确立法重点和层次,提升文化产业法律效率。目前,文化产业中文化市场主体法律地位不明以及投融资法律的缺失是制约文化产业发展的关键因素。因此,通过文化立法的方式确立文化企业的市场主体地位,疏通投融资的法律渠道,吸引民营资本和国外资本,完善税收政策等,是文化产业立法的重点。

(2)转变政府文化管理职能,创新文化管理体制

转变政府的文化管理职能是整个国家行政职能转变的一个重要环节,符合政府从管理型政府向服务型政府转变的改革方向。要强化宏观调控职能,建立政府宏观管理体制。转变政府职能应在宏观体制框架上建构“党委领导、政府管理”的文化领导管理模式。要强化依法行政,注重运用多种手段管理文化产业。文化立法的完善,将会给政府提供行政的法律依据,按照法律赋予的权责进行行业管理。政府在管理文化产业的过程中将会从以行政手段为主逐步转变为行政手段、法律手段、经济手段三者并用。要实现政企分开、政事分开,明确政府与文化单位的职责。实施政企分开、政事分开的关键在于明确政府和文化单位、企业各自的职能。政府职能要由“办文化”转到“管文化”上来,赋予文化企业、单位相对独立的自主权责,将原来属于政府管理的人事权、财权、经营权充分授权给基层文化单位和企业,减少行政干预。文化企业和文化单位应改变以往依赖于政府发展的惯性模式,成为自主经营、自负盈亏、独立核算的

市场法人主体。要尝试构建大文化管理模式，整合部门管理能力。尝试建立完善大文化部门，统筹管理文化产业，这样有助于疏通行业壁垒，减少摩擦，降低成本。

(3)促进文化贸易发展，实施“走出去”战略

文化产业的发展存在着两个市场，一是国内市场，二是国际市场，必须重视两个市场对我国文化产业发展的重要作用，不能有所偏废。国际市场的拓展对中国文化产业而言，意义重大。要完善文化产业“走出去”的相关法律法规，不断完善政策引导和扶持措施。遵循国际原则，制定符合国际文化贸易规则的激励政策，实现我国文化产业与国际贸易规则的接轨。同时借鉴国外经验，提供鼓励性、扶植性的政策，包括文化贸易的外汇管理、项目审批、税收优惠政策等。目前，我国尤其要对电影电视、版权贸易等行业进行重点扶持，实施灵活、宽松、自由的外贸政策。要积极培育大型的外向型文化企业集团，提升文化产业竞争力。根据国际经验，大型文化产业集团在对外贸易、文化交流方面作用巨大。目前，我国还没有世界知名的文化产业集团，市场竞争在规模和质量上不占优势，难以形成合力。因此，要实现文化产业“走出去”，必须尽快培育一批大型的外向型文化产业集团，提升文化产业的竞争力，使我国文化产业参与国际贸易和竞争。要树立精品意识，打造中国文化产业的民族品牌。“走出去”的文化产品和服务必须要有国际竞争力，既能代表先进的中国文化，又能具有市场竞争的能力。因此，必须树立精品意识，打造文化产业品牌，一方面要了解国际市场，明确中国文化产品的比较优势；另一方面要在文化产业发展中多出思想性、民族性、艺术性的精品，要有针对性地塑造民族品牌。要拓展多样化的“走出去”渠道，完善文化贸易体系。加强对外文化交流活动，通过文化交流拓展文化产品的国际影响力；要加强跨国的文化产业合作，与国外一些大型文化产业集团建立良好的资本、技术、进出口合作关系；要积极稳妥地引进国外文化交流项目。要大力发展涉外文化中介机构，完善市场运作机制。涉外文化中介机构是实施文化产业

“走出去”战略必不可少的环节，其本身就具有很强的创汇能力。要完善相关扶持政策，采取切实有效措施，大力发展、扶持各类文化中介机构，培养具有广泛国际营销渠道和推销能力的本土文化经纪人队伍[①]。

(4)优化文化产业组织内部结构，创新运行机制

文化产业机构是文化产业发展的基本细胞单元，是文化产业的主体。目前，我国文化产业机构的来源主要有两个：一是由传统的文化单位转企改制而来，多分布于新闻出版、文化艺术、广播电视电影行业，这类文化产业组织大部分是“事业单位、企业化管理”，少部分实现了“企业单位、企业化管理”；另一来源便是在市场中新生的一部分文化产业组织，是独立的市场主体。大力发展我国文化产业必须在完善市场主体这一关键环节上进行创新。要建立健全现代企业制度，现代企业制度是指以完善的企业法人制度为基础，以有限责任制度为保证，以公司企业为主要形式，以产权清晰、权责明确、政企分开、管理科学为条件的新型企业制度。其主要内容包括：企业法人制度、企业自负盈亏制度、出资者有限责任制度、科学的领导体制与组织管理制度[②]。

在文化企业中建立和完善现代企业制度，国家依据出资额来承担有限责任，而文化企业可以依法支配其法人财产，从而改变以往政企不分的情况。要建立健全现代公司法人治理结构。法人治理结构是现代企业制度中最重要的组织架构，指的是公司内部股东、董事、监事及经理层之间的关系。对文化企业而言，建立健全法人治理结构，一是要明确股东大会、董事会、经理层和监事会的职能，确保政企分开；二是保证文化企业在产权上多元化，避免政企不分；三是要完善内部经营管理制度，形成激励与约束相结合的企业内部管理制度。要优化文化产业组织结构，建立扁平化、网络化的组织架构。

① 崔跃武. 实施文化产业“走出去”战略的若干思考[N]. 黑龙江日报，2007－6－18(12).
② 安忠，钱克威. 现代企业管理[M]. 天津：天津大学出版社，2002：98.

扁平化组织结构是一种通过减少管理层次,压缩职能机构,裁减人员而建立起来的一种紧凑而富有弹性的新型团体组织,它具有敏捷、灵活、快速、高效的优点[①]。

网络型组织是由古典科层组织演变而来的,并逐渐替代了传统的科层组织结构成为一种新型的企业组织形态。企业网络组织具有组织动态化、企业间高度的互补性、联系纽带紧密、信息传递机制高效、企业内部组织扁平化的特点[②]。

文化企业实现扁平化、网络化组织结构的转变,有利于进一步优化和整合企业内部资源,降低成本,提高管理运营的效率。要培育文化产业集团,实现规模化、集约化发展。企业集团是现代企业的高级联合形式,是行业内的龙头,对行业的发展起引导作用。当今世界的一些经济文化发达国家,都有一大批规模巨大、实力雄厚的文化公司、文化产业集团。目前,我国有也一部分文化产业集团,形成了初步的集团化规模,但这些文化产业集团大多是依靠行政力量整合而成,并不完全是市场化的主体。这些文化产业集团的特点是集团内部的连接纽带脆弱,只存在形式上的资本关联,缺乏企业自发的利益驱动;集团管理内部化;集团治理机制虚化[③]。因此,必须在现有基础上,大力发展一批市场化的产业集团,才能从根本上实现文化产业的集团化、规模化。

(5)完善财政税收政策,提供资金支持

文化产业的大力发展,离不开国家财政和税收的扶持。对于文化产业起步晚、规模小、潜力大的中国来说,迫切需要政府的大力扶持。要加大财政投入力度。目前,我国文化产业尚处在起步期,要使其走向良性的发展道路,亟需公共财政的配套支持。公共财政要加大对公益性文化事

---

① 王蔷,任庆涛. 扁平化组织的组织模式架构[J]. 经济管理,2004(5).

② 何苏华. 企业网络组织的特征成因及其运行机制[J]. 商业研究,2005(20).

③ 霍步刚,傅才武. 我国文化体制改革的理论分期与深化文化体制改革的策略问题[J]. 中国软科学,2007(8).

业和发挥重大社会效益的文化行业的投入，改善投入方式，创新投入机制，为社会提供更多更好的公共文化服务，提升全民的文化素养与审美水平，为文化产业持续稳定发展打下良好基础。要实施税收优惠政策。针对新成立的文化企业，在一定期限内免征所得税。对文化艺术、新闻出版、广播影视、音响、文物等部门上缴的税收和利润，实行奖励性返还。对国家重点发展的文化行业，如数字广播影视、电子出版物等，以及一些依靠高新技术发展的文化产业门类，应当享受相应的税收优惠政策。对文化产品的进出口实行税收奖励返还政策，鼓励出口。要实行差别税率。文化行业之间本身具有较大差异，因此在税率上也应有所区别。针对文化行业的不同特征以及文化产品和服务的不同特性，分类制定差别税收政策，实行不同的税率。对高利润行业可以征收高消费娱乐税，对公益性的文化企业或单位以及广播、影视、新闻出版等国家重点扶持的文化行业给予减免税政策，对艺术表演团体、出版发行等文化单位实行适当的减免税政策。要择机设立文化产业发展专项资金，不断完善资金资助办法，借助财政引导机制引导社会力量对文化产业进行资助，逐步形成政府与社会共同推进文化产业发展的良性机制。要借助税收杠杆鼓励社会资本投资文化产业。创造良好的税收政策环境，鼓励非公有资本进入文化产业。不断完善相关配套政策，确保社会资本在进入文化产业时，在市场准入、土地使用、信贷、税收等方面，逐步与公有资本享受同等待遇。

(6)提升行业中介组织的地位和作用，发挥第三部门的作用

世界文化产业大国发展的经验表明，文化产业的发展应当充分发挥行业中介组织的作用，通过行业中介组织的协调和管理，促进行业的自我发展。我国文化行业中介组织发展起步较晚，虽然部分文化行业成立了相应的文化行业协会，但其地位和作用甚微，且独立性不强，大多隶属于政府部门。这些文化中介组织没有法定的主体资格，缺乏制度和法律上的保障，地位不明确，职权不清，而且行业协会的从业人员素质偏低，自律

机制不够健全,行业协会的管理能力较低,难以像西方国家行业协会那样有效发挥作用。在我国,要发挥行业协会等中介组织的作用,要做到以下几点:一是赋予文化行业协会正确的定位,对行业协会的地位、职能、作用提供政策和制度层面的保障。政府文化管理部门、国家立法机关应大力培育行业协会,发挥文化行业协会的自主性,调动行业协会的积极性和创造性。二是加强行业协会的自身建设,建立有效的运行机制。行业协会必须与政府部门实现分离,同时建立健全内部各项规章制度,健全工作机构,提高工作效率和运转效能,提高人员素质,不断提高文化行业协会的公信力、凝聚力和号召力,有效实现咨询服务、组织培训、发展资助、日常管理、规范秩序、维护合法权益等职能,切实发挥其对促进文化产业发展的重要作用。三是学习西方经验,加强文化行业协会的国际交流。世界文化产业大国行业协会发展成熟、规范,它们在规范和管理文化行业方面的经验可以为我国文化行业协会的建设提供重要参考。

(7)加强文化与科技融合,搭建文化产业创新的科技平台

科技进步与文化产业的发展休戚相关,每一次科技进步都会带来文化行业的跨越式发展。我国文化产业的发展,必须大力依靠科技力量,促进科技与文化的融合,带动文化产业的转型和升级。要注重引进国外先进技术,对我国文化产业进行技术改造和创新。世界文化产业大国在技术方面的优势十分明显。我国在推动文化产业发展中,应该结合我国国情和文化产业发展状况,大力引进相关先进技术,促进我国文化产业的技术革新。要加大文化科技投入。我国对文化科技方面的科研投入水平较低,对文化科技研发机构、企业的投入资金少,扶持政策力度不大,有待于进一步加大投入力度,出台更多鼓励政策,不断提高文化科技水平。要加强文化产业中技术手段的运用。我国有丰厚的传统文化资源,但大多缺乏相应的开发手段,运用高新技术可以不断地包装、挖掘、改造传统文化资源,对大量的传统文化资源进行数字化存储、保护与利用开发,形成庞大的文化资源数据库,实行产业化开发。科学技术的运用,不但可以将文

化资源转化为文化产品,而且可以提高文化产品的科技含量和附加值,将文化资源转变为文化资本。要加快科技成果的转化利用。我国文化产业的发展应该加强相关科学研究与文化企业之间的联系,将文化科技成果尽快转化为文化产品,转变为现实的文化价值和市场价值。要注重培养科技人才,形成科技人才激励机制。

(8)完善人才培养体系,健全人才激励机制

文化产业的竞争归根结底是人才的竞争,高素质的人才队伍是文化产业发展的关键。因此,我国必须建立一个完善的文化人才培养体系,建立合理的人才流动和激励机制。要建立文化产业的系统教育培养体系。文化产业作为一个新行业,相应的人才教育稍显滞后。直到 2004 年,教育部才正式批准部分高校设置文化产业管理专业,培养本科人才,而相应的硕士、博士专业却没有相应的学科挂靠,没有形成一个系统的培养体系。因此,必须在高校建立一个系统的教育培养体系,完善人才培养机制,建立联合的、多层次的、多行业的文化产业人才教育和培训机构。同时,在高校健全戏剧、戏曲、音乐、舞蹈、动漫、会展、设计等不同行业门类的艺术人才培体系,重点培养既懂经营又懂文化的综合性、复合型人才。要加强对现有文化产业人才队伍的培训。针对目前文化行业中从业人员大多是半路出身、理论基础较为薄弱的现状,应大力加强对文化产业从业人员的定期教育和培训,联合有关部门开办各种形式的文化产业人才培训班,实现理论与实践的有机结合。要建立畅通的文化人才流动机制,发挥不同人才的特长,形成能进能出、能上能下的良性竞争机制。要改革分配制度,建立绩效激励机制。针对文化行业,尤其是传统文化行业按资历获取报酬、福利和晋升机会的现象,逐步深化收入分配制度改革,引入竞争激励机制,激发文化人才的工作积极性。要加强对民族民间文化艺术人才的保护和培养力度。民族民间文化艺术人才是我国非物质文化遗产传承的活载体。因此,在大力保护非物质文化遗产、开发民族民间文化资源的过程中,必须加大投入力度,注重对传承人进行保护和培养。

第 6 章

社会制度发展与借鉴研究

制度是人类社会的制度，人类社会就是制度化的社会，人“发现”了制度，制度也“造就”了人；制度演变的历史与人类成长的历史是一致的，人是什么样的，制度也是什么样的，反之亦然，也就是说，制度的存在就是人类存在本身，制度在本质上就是人的生存方式。当代，人与制度越来越不可分割，制度问题日益凸现。从世界范围来看，伴随着全球化时代的到来，世界政治经济日益一体化，人们的交往越来越频繁，多元化的需求、不同文明的融合与碰撞，不可避免地要涉及制度文明和制度文化方面的交流和比较。

6.1 社会制度理论的形成

人类对制度的认识和思考由来已久，其中，西方思想家对社会制度的探索是西方思想史的重要组成部分，是人类制度文明的一个重要方面。西方学者的制度思想是与他们的政治思想、国家学说甚至法律思想联系在一起的，或者可以说，西方学者的政治思想、国家学说就是他们的制度思想。本章通过对西方古代和近代制度思想以及马克思的制度思想的梳理，力图挖掘出制度思想的演进历程和发展脉络，以期为人们探寻制度演变的轨迹和内在规律提供参考。

西方社会制度思想经历了萌芽、形成和发展几个阶段,古希腊时期是西方制度思想的萌芽和草创时期,文艺复兴以来的近代和现代是西方制度思想形成和发展时期。以柏拉图和亚里士多德为代表的古希腊制度思想的特点是城邦正义论,是一种道德制度观。西方近代的制度理论和国家理论摆脱了古希腊的道德制度观和中世纪的神创国家观的束缚,成为一门独立的政治理论,马基雅维里第一个将政治(制度)理论与伦理学区分开来,此后的霍布斯、洛克和卢梭等人的制度理论的显著特点是将自然法、理性主义和契约论联系起来,三者构成西方近代制度思想的理论基础和支柱,而其中的理性主义是贯穿近代制度思想的中心线索,黑格尔虽然不是契约论者,但他的法哲学是以思辨理性为基础的。马克思的制度理论超越了传统的制度思想,他的历史唯物主义制度观是制度思想史上的划时代变革。

6.1.1　社会制度思想的萌芽

同其他理论领域一样,西方制度思想也是在古希腊时期孕育和诞生的。古希腊时期的思想家们在登上历史舞台之初便站在一个很高的高度思考国家和制度,代表人物主要有柏拉图和亚里士多德。柏拉图和亚里士多德等人的国家思想和制度思想是针对城邦国家的,是对城邦国家的制度设计,这是古希腊时期制度思想的显著特点。因此,这个时期的制度思想也具有鲜明的时代烙痕,古希腊时期的思想家们常常陷入制度理想与制度现实、等级制度与民主制度、伦理与政治的矛盾之中。

1. 柏拉图的制度思想

柏拉图是古希腊最具代表性的人物之一,他的思想影响了整个西方历史, 黑格尔指出:“柏拉图是具有世界历史意义的人物之一,他的哲学是具有世界历史地位的创作之一,它从产生起直到以后各个时代,对于文化和精神的发展,曾有过极为重要的影响。”①卡尔波普尔评价道:“柏拉图著作的影响是无法估计的。人们可以说,西方的思想,或者是柏拉图的,或者是反柏拉图的,在任何时候都不是非柏拉图的。”②怀特海在《过程与实在》一书中也有类似的评价,认为柏拉图为西方哲学奠定了稳定的基础,两千多年来的欧洲哲学不过是对柏拉图的注解而已。柏拉图的制度思想主要体现在《理想国》《政治家篇》和《法律篇》三部著作中,这三部著作均为柏拉图中晚期所著,《理想国》既是一部著名的哲学著作,也是一部经典的政治学著作。柏拉图制度思想的产生有其时代背景,他的青少年时代是在战争和动乱中度过的。在他出生前不久的公元前431年,爆发了有名的伯罗奔尼撒战争,这场旷日持久的战争改变了古希腊的历史,也对柏拉图产生了深刻的影响,柏拉图的整个哲学思想,包括他的政治哲学和制度哲学思想与伯罗奔尼撒战争对他心灵的影响是分不开的。柏拉图是西方制度哲学的奠基人,其制度思想大致可以概括为制度本体论、制度起源论和制度建构论。理念论是柏拉图的哲学本体论,他的制度理论正是建立在他的理念论基础之上的。理念论是西方理性主义的发源,柏拉图在西方哲学史上第一次将抽象的、普遍性的、不变的东西视为世界的本质。他认为可变的事物、个别的事物只是幻象,是不真实的,只有可变的事物背后的东西才是永恒的,哲学的使命就是追寻变中之不变者——共相,这个共相就是柏拉图的理念世界。理念世界与变动不居的现象世界有本质区别;现象世界是殊相,是理念世界的影子;理念世界独立于现象世界之外,只有最高的智慧才能把握理念世界。这说明,只有普遍、永恒的东西才是真实可靠的和有意义的。理念论是柏拉图国家学说和制度思想的理论基础。理想国,顾名思义,就是理想之国,柏拉图《理想国》这部著作的主题思想就是探讨什么样的国家(城邦)才是理想

---

① [德]黑格尔.哲学史讲演录(第二卷)[M].北京:三联书店,1957:152.

② 范明生.柏拉图的哲学述评[M].上海:上海人民出版社,1984:479.

的国家(城邦)。柏拉图根据他的理念论认为,理想的城邦应当是至善的,也是正义的,城邦正义是最高的善。在这里,柏拉图以其深邃的洞察力触及到国家、制度的本质:什么样的国家(城邦)才是经得起时间检验的"永恒"的国家(城邦)?一个"永恒"的国家(城邦)应当依据什么样的最高法则来建构?柏拉图对理想国家的思考也与他的经历有关,一个长期战乱不断、以力服人的国家显然不是理想的国家。柏拉图较早探讨了关于国家制度起源的思想。为什么要建立城邦?柏拉图认为每个人的需要都不能完全自给自足,人们的相互需要决定了分工的存在,而城邦国家就是通过社会成员之间的分工满足人们相互需求的社会协作组织。每个人在生活中都有许多需要,基本需要,如衣、食、住、行;较高级的需求,如娱乐和发展需要等,有些需要不能靠自己来提供,就是说,每一个人都需要从他人那里获得帮助。因此,一定范围内的人们必须过群居生活,彼此互相协作,互相帮助,而将大家结合起来的社会组织,就是城邦——国家。柏拉图从人们的相互需要和相互依存的角度提出建立国家的必要性,这是对过去神话传说中的国家观的超越,具有重要的理论意义。柏拉图认为社会分工是国家存在的重要因素,也是社会进步的体现,在城邦这个"公共住宅区",每个人需要根据每个人的地位、能力等进行必要的分工,每个人都能够在城邦中承担一种适合于他的角色和天性的工作,各负其责,各安本分,城邦就成为团结协作的有机整体,这就是城邦正义。柏拉图还进一步探讨了国家(制度)的具体类型和模式。虽然在《理想国》《政治家篇》和《法律篇》中对制度(国家)设计的表述有所不同,但在本质上是一致的,其中,有两点值得注意:一是等级制的社会结构思想,二是关于最好的政体——君主制和"第二好"的政体——民主制的论述。柏拉图的等级思想来源于他的灵魂三分法。柏拉图认为灵魂由理性(理智)、激情和欲望三部分构成,三者不是平等的,只有理性最高级,具有最高的德性。相应地,人也有等级之分,统治者处于最高等级,其次是维护统治者阶层,最下等的是一般平民,各个等级之间地位不同,职责各异,个人正义就是按每个人的地位、等级行事而不越界，只有如此，城邦正义才能实现。柏拉图认为，最理想的统治者应当由哲学家担任，只有哲学家才具有最高的理智德性，他在《理想国》中说道，只有哲学家成为国家的统治者，才能将统治力量与智慧品性紧密地结合在一起，这样的国家才是理想的；反之，如果平庸之辈担任国王，法律制度就会成为摆设，就会给国家带来非常大的灾难，个人也没有幸福可言。柏拉图详细谈到了古希腊历史上的各种政体。在《政治家篇》中将古希腊政体分为君主制（国王由单个人担任）、寡头制（少数几个人共同执政）、民主制（普通平民团体管理城邦）。在君主制中，若君主贤明，这种政体是最理想的，但若君主违法乱纪，则会成为独裁制。柏拉图对民主制存在矛盾心态，甚至反对实行民主制度，他认为："不加区别地把一种平等给予一切人，不管他们是不是平等者"[①]，这说明柏拉图思想的时代局限性，具体而言，第一，主张等级差别，贵族出身的柏拉图，很难理解人人平等社会的合理性；第二，对古希腊历史上的民主制持排斥态度，认为伯里克利时期的民主制并没有使希腊繁荣强大。在晚年的《法律篇》中，柏拉图对前期的观点进行了调整，主张一种混合政体，即吸收君主政体和民主政体各自的优点，将二者结合起来。

2. 亚里士多德的制度思想

亚里士多德是欧洲古代哲学的另一个代表人物、古希腊哲学的集大成者，黑格尔说："哲学之作为科学是从柏拉图开始而由亚里士多德完成的。他们比起所有别的哲学家来，应该可以叫作人类的导师。"[②]亚里士多德也是西方历史上第一个百科全书式的思想家，他在政治学和政治哲学方面的建树颇丰，是"城邦制度的全面观察者与系统阐释者"[③]。他的政治学专著——《政治学》堪称西方政治思想的开山之作。与他的老师

---

① [古希腊]柏拉图. 理想国[M]. 郭斌和，张竹明，译. 北京：商务印书馆，1986：332.

② （德）黑格尔. 哲学演讲录（第二卷）[M]. 北京：三联书店，1957.

③ 徐大同. 西方政治思想史（第1卷）[M]. 天津：天津人民出版社，2005：247.

柏拉图相比，亚里士多德试图将政治学与伦理学区分开来，使政治学成为一门独立旳学科，不仅如此，他甚至认为政治学是最高的科学。如果说伦理学研究的是个体的善，则政治学研究的是人群共同体的善，是最高的善，因此，政治学高于伦理学。亚里士多德的制度思想主要来自《政治学》，除此以外，还有《雅典政制》《尼各马可伦理学》和《家政学》等著作。亚里士多德对古希腊多个城邦的政治制度进行了详细分析，系统地阐述了城邦的起源与兴衰、城邦的内涵与本质、城邦的目的和城邦的政体类型与优劣等重要问题。国家（城邦）是什么？城邦的本质是什么？亚里士多德在《政治学》卷一开篇便直面这样的形而上学问题。他认为，一切社会团体都以追求善业为目的，最高而包含最广的社团其追求的善业也是最高而最广的，城邦就是最高而包含最广的社团，因此，城邦的善业是所有社团中最高而最广的，“这种至高而广涵的社会团体就是所谓‘城邦’，即政治社团（城市社团）”①。亚里士多德不同意柏拉图对城邦的简单化理解，柏拉图将城邦、家庭甚至个人画等号，城邦只不过是放大的家庭或个人，“大家庭与小城邦没有实际差异”，这与中国家国同构的看法类似。亚里士多德批评这种“整个城邦的一切应该尽可能地求其划一，愈一致愈好”的观点，认为各社会团体之间、人与人之间是有差异的，整齐划一的城邦不是城邦，城邦的本质就会消亡。亚里士多德的观点是非常深刻的，因为亚里士多德认识到城邦的复杂性与多样性，城邦从家庭、村社演变而来，但城邦不能等同于家庭，治国与治家有本质区别。应当说，亚里士多德的这个理论对西方近现代政治、法律思想产生了巨大影响。亚里士多德的深刻之处还在于他开创性地将国家的本质与人的本质联系起来。亚里士多德认为，人类在本性上，也正是一个政治动物。人类天然趋向于过城邦的生活，人的本质在于其社会共同体，孤独的人、离群的人，只不过是“自然的弃物”或“棋局中的一个闲子”，这与马克思在《关于费尔

① ［古希腊］亚里士多德．政治学［M］．吴寿彭，译．北京：商务印书馆，1997：3.

巴哈的提纲》中所说——“人的本质并不是单个人所固有的抽象物。在其现实性上,它是一切社会关系的总和”的说法是一致的。亚里士多德认为,个体的本质只有在城邦中才能得到体现,个人的善(外在诸善、身体诸善和灵魂诸善)也只有在城邦中才能得到实现。建立城邦共同体的目的不仅仅是为了生活,而是为了过好的生活、优良的生活。这种优良生活所追求的不但是物质利益上的,而且是一种符合美德的幸福生活,对于个人或城邦共同体来说,具备了足够的需用的德性以至能够拥有适合于德性的行为的生活才是最优良的生活。亚里士多德不像柏拉图那样仅仅满足于对理想国家的向往,同时注重对现实中各种城邦制度的总结,强调城邦制度的现实可行性,“最优良的生活应当寓于各城邦在现实情况下所可达到的最优良政体中”[1]。亚里士多德认为理想和现实中的城邦制度可以分为两种类型:一种类型是正宗的、好的政体——君主制、贵族制和共和制,其中,亚里士多德认为君主政体是最理想的政体,是最符合德性的,相比较而言,贵族制与共和制是次等好的政体,但不是最好的制度。亚里士多德将僭主制、寡头制和平民制归入另一种类型——变态的、恶劣的政体,这三种坏的制度分别是前面三种好的制度的变态和变体,僭主政体是君主政体的变体,寡头政体是贵族政体的变体,平民政体是共和政体的变体,而“最优良而近乎神圣的正宗类型的变态一定是最恶劣的政体”,因此,君主政体的变态——僭主政体就是最恶劣的政体,在这种政体下,城邦的统治者实际上是以专制的手段统治城邦的公民。共和政体虽然是三种正宗的政体中善德最少的政体,但相应地,共和政体的演变形态——平民政体的恶劣程度要轻于僭主制和寡头制这两种变态政体。换句话说,平民政体在三种恶劣的和坏的制度之中是最好的制度。亚里士多德认为最好的政体应当是稳定的,如何才能稳定这有赖于城邦内部结构的合理性,即由强大的中产阶级来执政,“最好的政治团体必须由中产

① [古希腊]亚里士多德. 政治学[M]. 吴寿彭,译. 北京:商务印书馆,1983:339.

阶级执掌政权,城邦内中产阶级强大,足以抗衡其他两部分而有余,或至少要比任何其他单独一个部分强大"[①],这是因为最好的生活方式就是顺从理性,行中庸,中庸是最好的品德,中产阶级具有节制和中庸的品德,而处于中产阶级两端的贵族和穷人,要么"过美、过强、过贵、过富",要么"太丑、太弱、太贱、太穷",都容易走极端,第一类人常常"恃强放肆",第二类人又往往"懒散无赖",放肆和无赖是导致祸害的根源,二者均是过犹不及,不符合中庸法则,只有中产阶级没有野心,是城邦稳定的维护者。

亚里士多德的"宪政统治"思想在今天看来仍具有启发意义。亚里士多德反对"专家治国"和个人专权,认为城邦的公民都拥有平等的政治地位,理想的城邦应该是依据公正的原则,让全体公民参与政治,大家轮流执政,"治理的职责主要是致力于被统治者的利益,所以这些义务应该由大众轮流分担,而统治者作为公民城邦中的一员,也附带地获得共同的利益。"如果能做到人人有执政的机会,就能实现利益的合理分配,因为"在我担任这种义务的时期,既然照顾到他人的利益,那么,轮着他人执政时期,也一定会照顾到我的利益。"[②]

6.1.2　社会制度思想的形成

公元 15 世纪至 17 世纪是西方历史的转折时期,西方学者往往将这一时期称为"扩张时期"。14 世纪以来,伴随着文艺复兴运动、地理大发现和宗教改革,人们开始摆脱宗教神学思想的束缚,人性得到张扬,思想得到解放。与此同时,随着封建制度的瓦解和资本主义因素的产生,一种新的政治理论和制度思想诞生了,这就是西方近代政治制度理论。西方近代政治制度理论是对古希腊城邦正义论和中世纪神创国家观的双重超越,其理论基础主要是自然法理论、社会契约论和理性主义。尤其是理性

① [古希腊]亚里士多德. 政治学[M]. 吴寿彭,译. 北京:商务印书馆,1983:206-207.

② [古希腊]亚里士多德. 政治学[M]. 吴寿彭,译. 北京:商务印书馆,1983:131-132.

主义,可以说是西方近代政治制度理论的基础。

1. 马基雅维里的制度思想

在古希腊,尽管亚里士多德对政治与伦理的分离做出过努力,但不彻底。到了中世纪,政治又沦为宗教神学的婢女,政治充当神学教条的工具。出身于意大利的文艺复兴运动代表人物马基雅维里大胆冲破政治道德化和政治神学化的桎梏,使政治学真正成为一门独立的学科,“从近代马基雅维里起,政治的理论观念摆脱了道德,所剩下的是独立研究政治的主张,其余没有别的了。”①可以说,马基雅维里是近现代西方政治学和政治哲学的奠基人。

马基雅维里政治制度思想的代表著作有《君主论》和《论提图斯李维的前十书》,此外还有《佛罗伦萨史》《论战争的艺术》等。马基雅维里政治制度思想的哲学根据是人性自私论,“马基雅维里关于政治策略的一切议论几乎都根据这样一个前提,即认为人的本性在本质上都是自私的。”②他认为,贪图权利和财富是人的本性,人的这种贪欲是无止境的,人的本性注定贪图一切却又无法得到,人的欲望总是大于满足这种欲望的能力,战争和敌意就是人的贪婪不能得到满足的产物,他说:“谁要是想建立一个国家并为其制定法律,就必须假定一切人都是恶的,只要他们一有自由,就会按照其思想中恶的一面行动。”③美国学者萨拜因将马基雅维里人性自私的理论称之为“普遍利己主义”,虽然在西方历史上人性自私的观点不是马基雅维里最先提出的,但是,他将人性自私论上升到政治基本原则的高度,认为私有财产神圣不可侵犯,甚至可以说马基雅维里的人性自私论奠定了西方政治制度哲学的本体论。马基雅维里一方面反

---

① 中共中央马克思恩格斯列宁斯大林著作编译局. 马克思恩格斯全集(第3卷)[M]. 北京:人民出版社,1960:368.

② 萨拜因. 政治学说史(下)[M]. 北京:商务印书馆,1986:397.

③ Machiavelli. Discourses on the First Decade Titus Livius, in Machiavelli, the Chief Works and Other[M]. Translated by Allan Gilbert. Durham: Duke University, 1965: 201.

对人的贪婪,但另一方面,他继承了马西略的政治世俗化价值观,为人类的自然需求和欲望提供了合理性证明,将人的世俗生活与道德生活、宗教信仰严格区分开来,从客观上说明了人的自私本能是社会发展的动力,后来,黑格尔提出"恶是社会进步的杠杆",这应该是受到马基雅维里的影响。马基雅维里的性恶论既批判了古希腊的道德至上主义,又是对中世纪宗教禁欲主义的鞭笞,为西方近现代政治制度哲学的建立扫除了障碍。马基雅维里的性恶论与后来的霍布斯关于人性的论述颇有相似之处,但二者分析人性的出发点却迥然不同。霍布斯是从人的心理出发来推演论证,而马基雅维里却是一个纯粹的经验主义者。

按照一般人的理解,马基雅维里在《君主论》等著作中主要讲述的是君主专制理论和君主统治策略与手段。在书中,他充当统治者的智囊,为巩固统治者的地位和权力献计献策。马基雅维里认为,为了维护统治,君主可以不择手段,只要达到目的,什么事都可以做,这就是"目的证明手段正确"。为了维护统治,君主也可以不讲道德,不讲廉耻。作为君主,不必让臣民爱戴,但要让臣民畏惧。仅仅从表面上看,马基雅维里似乎是一个十足的反动政客和溜须拍马之徒,"马基雅维里主义"因此成为不择手段的代名词,马基雅维里的两面性的确让世人疑惑不解,萨拜因也感叹道:"马基雅维里这个人物和他的哲学的真实意义一直是近代史上的一个谜"[①]。但是,透过这些表面现象,我们发现马基雅维里思想深处所散发的现代气息。他明确地将权利作为研究对象,权利成为国家学说的根本问题和主题话语,这是国家学说的重大转向。古希腊的柏拉图和亚里士多德认为国家的存在是为了至善,在中世纪,权利又被神学思想的外衣所遮蔽。马基雅维里较系统地探讨了权利的起源、内涵和本质,正是在马基雅维里这里,权利理论才堂而皇之登上哲学和政治学的大雅之堂。但马基雅维里的权利观只说对了一半,甚至是似是而非的,因为他仅仅强调

---

① ［美］乔治·萨拜因. 刘山,译. 政治学说史(下卷)［M］. 北京:商务印书馆,1986:406.

统治者的权利。的确,权利问题是国家理论和制度理论的重要问题和核心问题,但统治者的权利和普通公民的权利如何划分?如何维护和保障普通公民的权利?这才是国家理论和制度理论的最重要问题和最核心的问题。

2. 费布斯的制度思想

1651 年霍布斯的代表作《利维坦》出版,“利维坦”原本是指古希腊神话传说中力量巨大无比的怪兽,霍布斯以此为书名,表达了他希望建立强大国家的愿望。在书中,霍布斯站在唯物论和无神论的立场,摒弃了君权神授思想,他运用自然法理论和契约论较系统地阐述了国家的起源、国家的本质以及统治者与人民的权力、义务分配,鲜明地提出了人人平等的主张。与前人相比,霍布斯有关国家起源思想的不同之处是虚构了一个自然状态假说。他认为,在人类之初没有国家、没有强权、没有秩序,人与人处于敌对状态,每个人都想保存自己,每个人都处于暴力和危险的恐惧之中,其结果就是“每个人对每个人的战争”[1]。怎样才能结束这种争斗永无止境的自然状态?霍布斯认为,人是理性动物,为了避免相互残杀殆尽,人们需要讲和与妥协,这就必须签订契约。签订契约的双方相互转让或交换权利,每个人都必须将自己的一切权利全部转让出去,只有这样,才能进入和平的社会状态。在这里,霍布斯一方面强调所有的人都要交出自己的权利,没有任何人是例外的,另一方面他又认为签约是平民之间的事,统治者——主权者不是签约的一方,主权者不仅不是签约者,相反,签约的平民需将权利交给主权者,这是霍布斯自相矛盾之处。在霍布斯之前,布丹、格劳秀斯等人已提出主权理论。霍布斯进一步认为权利机器组织是国家的本质,国家的本质就是一个人格,这个人格不是指一个人的,而是全体理性的人格,是普遍意志的体现,只有统治者才能承担这一人格,承担这一人格的统治者就称为主权者,只有主权者拥有主权。一个

① [英]霍布斯. 利维坦[M]. 黎思复,黎廷弼,译. 北京:商务印书馆,1985:94.

国家的全体百姓的人格都集中在主权者的人格中，每一个人都向主权者授权，为的是让他来保证他们的和平与安全。一个强大的国家必须赋予主权者无限的权力，而这一点已经包含在霍布斯的契约论中：授权者交出的是“全部的权利与力量”，被授权者的权利是至高无上的。霍布斯与马基雅维里一样，认为君主政体是最理想的制度，为君主专制唱赞歌，这说明他还不是一个完完全全的近现代人物。但霍布斯从权利的角度看待国家、制度的本质，提出人是生而平等的主张，一定程度上强调人民的权力与统治者的义务，这无疑具有进步的一面。

3. 洛克的制度思想

1869 年洛克《政府论》的发表，标志着近现代西方资本主义制度理论的正式形成。《政府论》一书也因此被称之为资产阶级的“圣经”，堪称西方制度思想史上第一部理论化和系统化的制度哲学著作，其内容之广、思想之深刻，达到了前无古人的高度。洛克在政治制度理论方面的主要贡献在于：一是人权学说，洛克提出人不但是平等、自由的，而且是独立的，这是第一次对人类社会制度本质进行全面、深刻的总结；二是宪政理论，主张有限政府和权力制衡。洛克制度思想的理论基础就是自然法理论和社会契约论，可以说，自然法理论和社会契约论构成西方近现代政治制度理论的两大基石。

在《政府论》上卷，洛克对君主专制思想进行了清算，反对君权神授和王位世袭制。在《政府论》下卷，洛克集中阐述了他的国家哲学和政治制度理论。洛克与霍布斯都提出了自然状态与社会契约思想，但二人看法则不同。关于原始社会，正如前面所提到的，霍布斯强调在自然状态条件下，人与人是处于敌对状态的紧张关系之中，是充满敌意的悲惨世界。洛克则认为人类原来自然地处于这样一种状态：一是完整无缺的自由状态，人们自由地选择行为方式和处理财产；二是无须得到任何人的许可或听命于任何人的意志的独立状态；三是不存在从属和受限制的平等状态。“在自然状态下，人们按照自然法生活，自然法对自然状态起支配作用”，人人都享有自由、独立和平等等基本权利，没有人享有比别人更多的权利。洛克所说的“自然法”，实际上就是人权的代名词。在中世纪欧洲，自格劳秀斯肇始，越来越多的思想家都主张自然法理论，认为人人都有自我保存的自然权利，这是一种最基本和普遍的法则。为什么自然法则是人的普遍和“永恒”的法则？这是因为人是理性动物，自然法则是人通过理性思考的产物。洛克认为“理性就是自然法”。

自然法理论为资本主义制度奠定了理论基础，也就是说，正是自然法理论为资本主义文明奠定了哲学根基。出生于英国“光荣革命”时期的洛克通过对原始状态的描述，划时代地提出了天赋人权思想，对后来的资产阶级革命产生了巨大的影响。洛克认为人有三项基本的权利——生命权、自由权和财产权。生命权是人得以生存和延续的基本要求，每个人一出生就享有生存权利。马克思称洛克是西方自由主义传统的“始祖”，被誉为西方“自由主义之父”。

洛克认为人的自由与动物的自由有根本的区别，“我们是生而自由的，野兽是没有理性的，人是有理性的，也是生而具有理性的”。人类的自由除了法律之外，不受任何限制，而制定法律的目的也不是为了限制人的自由，而是保护人的自由。他说：“法律就其真正的含义而言，与其说是限制，还不如说是指导一个自由而有智慧的人去追求他的正当利益。假如没有法律他们会更快乐的话，那么法律作为一件无用之物自己就会消灭”“法律的目的不是废除和限制自由，而是保护和扩大自由”[①]。针对一些人对自由的错误理解，洛克强调自由状态不是指“放任状态”，人有不受他人干涉的自由，但没有“毁灭他自身或他所占有的任何生物的自由”[②]。关于财产权，洛克以劳动创造价值来说明私有财产不可侵犯。洛

① ［英］洛克. 政府论(下篇)［M］. 叶启芳，瞿菊农，译. 北京：商务印书馆，1964：36.

② 中共中央马克思恩格斯列宁斯大林著作编译局. 马克思恩格斯全集(第7卷)［M］. 北京：人民出版社，1967：5.

克非常重视人的财产权,甚至认为财产权是比生命权和自由权更加重要的人权,这对西方宪政制度思想及其实施产生了巨大影响,但也有人认为其观点太极端,"从现代观点看,洛克及其信奉者的重大政治缺点是财产崇拜。"

如果说洛克的自然法理论侧重的是个人的权利正当性,那么他的社会契约论探讨的则是关于国家(政府)权利与个人权利的划分问题。关于权利转让,洛克的社会契约论与霍布斯的社会契约论存在以下区别:首先,洛克认为人们在订立契约时交出的只是部分权利,生命权、自由权、财产权是与个人紧密地联系在一起的,是每个人作为人的最基本的权利,这些权利是在任何时候和任何条件下都不能分割、不能随意抛舍的,而霍布斯主张每个人签订契约的时候必须把自己的一切权利全部转让出去,一个权利也不保留。其次,霍布斯认为所有人把手中的权利出让给了统治者,而统治者不是订约的一方,洛克则认为统治者也是契约参加的一方,行使权力的人不是至高无上的主权者,统治者与普通个人是平等的关系,而不是隶属关系。最后,洛克认为主权者如果背信弃义,民众可以撕毁契约,契约不是永恒的,霍布斯则主张契约关系一旦形成后就是终身性的,必须永远信守。根据契约论,洛克得出与霍布斯君主专制思想相反的结论,即政府有限论和分权学说。洛克深刻认识到国家和政府存在的正当性理据在于保障人权,必须得到民众的认可和同意,他认为,政治权力"起源于契约和协议,以及构成社会的人们的同意,除了保护社会成员的生命、权利和财产以外,就不能再有别的目的或尺度"①。这就是说,政府是人们自觉自愿选择的产物,人民的同意和认可是政府行使权力的前提,而不是相反。如果政府不能保护人民的天赋权利,人民就有权废除政府。在这里,洛克彻底颠覆了包括霍布斯等前人将君权"优先于"民权的制度逻辑。

---

①　[英]洛克.政府论(下篇)[M].北京:商务印书馆,1964:105.

洛克进一步提出权力制约的思想和宪政思想，将国家权力分为立法权、执行权和对外权三种，其中的立法权享有至高无上的权力，立法机构有权为国家和社会"制定法律"，为全体社会成员制定必须遵行的"行动的准则"。立法权高于其他一切权力，其他一切权力"都是从它获得的和隶属于它的"。洛克的宪政思想被大多数西方国家所接受，美国的《独立宣言》和法国的《人权宣言》被认为是洛克思想的现实版。

6.1.3 社会制度思想的发展

到了18世纪，英国建立了资本主义性质的君主立宪制国家，成为欧洲的政治、经济和文化中心。此时的法国虽然经济发展迅速，在政治上却还是典型的君主专制国家，德国甚至在18世纪末19世纪初仍然处于经济落后、政治上保守的封建主义时期。以洛克为代表的人权、自由和民主思想在欧洲大陆迅速传播开来，并深受法、德等国知识分子的欢迎。法国的伏尔泰、孟德斯鸠和卢梭，德国的黑格尔等人继承并发展了洛克的思想。

1. 孟德斯鸠的制度思想

孟德斯鸠生活的时代正是法国启蒙运动如火如荼的年代，法国涌现了一大批启蒙思想家，孟德斯鸠是其中的杰出代表，于是，"18世纪政治学说的中心便转移到法国"①。早在1734年，孟德斯鸠发表了他的第一部政治学著作——《罗马盛衰的原因论》。1748年，其生平最重要的著作《论法的精神》问世，此书被称为当时最进步的政治理论书，是自亚里士多德的《政治学》以后第一部综合性的政治学著作，伏尔泰称其为"自由与理性的法典"。

孟德斯鸠在《论法的精神》中尖锐批评神学和封建专制思想，"系统

① [美]萨拜因.政治学说史(下)[M].刘山，译.北京：商务印书馆，1986：608.

地提供了政治和法律制度建设的原则”[①]。其中,关于法制、政治自由和权力分立的主张是孟德斯鸠最有价值的贡献。孟德斯鸠的独特之处是将法与政体、法与自由人权、法与权力制衡联系起来,为西方国家构建和完善新型政治制度和运行体制准备了直接的理论资源。“论法的精神”,顾名思义,该书所关注的不是法律的具体规范和实践,孟德斯鸠撰写此书的目的是为人类制定法律寻找根据和原则。孟德斯鸠认为,法是源于客观事物性质的必然关系,一切存在物都各有其法,人类的法与动物的法既有相同之处,又有本质区别,智能存在物的法是人为法,需要量身定做。人类制定法律是为了保障人民的自由权利,专制政体是对人的权利的蔑视和对自由的践踏,没有法律可言,只有在民主政体里权利才能归人民所有。在此基础上,孟德斯鸠提出人的政治自由问题。他认为专制制度是奴役人的制度,专制制度不仅违背自然法,也有违民法和人性。每个人都有人身自由、财产自由、信仰自由、思想自由和言论自由,自由是不可转让的。

如何保障人的自由权利?孟德斯鸠进一步从制度设计的层面提出他的宪政理论,这就是著名的三权分立学说。他有一句名言:“一切有权力的人都容易滥用权力,这是万古不易的一条经验。”[②]权力掌握在个别人手里就会导致专断,而单凭道德的力量不能保证权力的正当性,因为道德的力量是有限的。要防止滥用权力,只能以权力制约权力,将权力分解,因为“无分权就无自由”。国家权力可以分为立法权、行政权和司法权三个部分,不同的人行使不同的权力,只有这样,人的自由才能得到保障,才能防止专制和暴政。

2. 卢梭的制度思想

1775年的《论人类不平等的起源和基础》和1762年的《社会契约论》

---

① 徐大同. 西方政治思想史[M]. 天津:天津教育出版社,2000:176.

② [法]孟德斯鸠. 论法的精神(上卷)[M]. 张雁深,译. 北京:商务印书馆,1980:154.

是卢梭政治制度思想的代表作，其中，尤以《社会契约论》最为著名，此书的另一个名称叫《政治权利的原理》。卢梭原本计划写一部他自己思索最久、最感兴趣的长篇巨著——《政治制度论》，因各种原因未能如愿，《社会契约论》是这部未竟之作的“撮要”[①]。卢梭的政治制度理论，主要包括民主、平等原则，公意理论和人民主权论。卢梭在《社会契约论》开篇指出：“人是生而自由的，但却无往不在处于枷锁之中。自以为是其他一切的主人的人，反而比其他一切更是奴隶。”[②]卢梭认为平等是自由的前提，没有平等就没有自由，要实现个人自由，离不开平等。人类本来在原始状态时是自由、平等的，但随着需求的增加，人不得不受整个自然界，特别是他的同类的支配，人与人不再是平等的关系，即使一个人变成了别人的主人，在某种意义上却也变成了他的同类的奴隶，反之亦然。产生不平等的罪魁祸首是私有制，私有制是导致人类不平等的起源和基础。卢梭认为人类不平等的发展经历了三个时期：法律和私有财产权的设定是不平等的第一阶段，在这个时期有了富人和穷人之分。第二阶段是由于官职的设定，而专制权力的产生是第三阶段。不平等的第一阶段，实际上是财富的不平等阶段。第二阶段就是政治的不平等阶段，这个时期有了强者。卢梭提出关于不平等的三阶段理论的目的是批判当时的封建君主专制制度，是对旧的国家制度及其思想的清算，从而为他后来的平等理论和人民主权理论奠定了基础。但他揭示不平等的原因不是要取消私有财产，反而认为私有财产是社会秩序的不可动摇的基础，人民同意建立政府的目的，就是要保护构成他们生存要素的财产、自由和生命。他还宣称“财产权的确是所有公民权中最神圣的权利，它在某些方面，甚至比自由还要重要”[③]。

---

① [法]卢梭.社会契约论[M].何兆武，译.北京：商务印书馆，2005：前言.

② [法]卢梭.社会契约论[M].何兆武，译.北京：商务印书馆，2005：8.

③ [法]卢梭.论政治经济学[M].北京：商务印书馆，1964：25.

卢梭是社会契约论的集大成者,他认为社会契约论的目的就是如何在一个国家内部要找到一种人与人之间、个人与政府之间的结合方式,只有通过这种方式才能保证全体社会成员的人身自由和财产安全。他认为,"由于这一结合而使每一个与全体相联合的个人又只不过是在服从自己本人,并且仍然像以前一样的自由"①。那么,如何结合才能保障人的自由?卢梭认为解决问题的出路就是签订契约,通过签约就会形成一个结合的共同体——国家,每个签约者将自身的一切权利全部转让给这个共同体。由于每个人都毫无保留地转让了自己的一切权利,因而人与人是平等的,签订契约就是平等的个人之间的约定,在契约面前人人平等。在契约平等论的基础上,卢梭进一步提出主权在民学说。他认为,人民是共同体的主权者和国家的立法者,政府乃至君主不是契约的主体,只有人民才是主权者,人民主权是绝对的和至高无上的,人民主权不可转让,不可分割,也不能被代表。正是因为主权不能被代表,卢梭对英国的代议制持反对态度,认为议员并不是人民的代表,而只不过是人民的办事员。卢梭、洛克和霍布斯都是典型的契约论者,但三人的观点有很大的区别。霍布斯将统治者排除在契约之外,且统治者是至高无上的,是主权者,契约是民众个人之间相互订立的,每个人的全部权利被让渡给主权者,一旦转让便终身受制于主权者。洛克认为签约者转让出去的只是部分权利,基本的权利应该留给个人,以保障自己的利益和自由,政府的权利是有限的,必须受到个人权利的约束。卢梭虽然与霍布斯一样主张个人将全部权利都转让出去,但卢梭并没有把这一权利赋予政府或君主,政府只不过是人民的代理人,没有独立的权利。在卢梭看来,每个人将权利转让给共同体等于是转让给自己,主权不是外在的必然限制,而是个人权利的另一种存在形态,个人权利与主权不是矛盾的,而是统一的。卢梭甚至认为人民有权随时解除契约,收回自己的授权,更换政府。卢梭将公意

① [法]卢梭. 论政治经济学[M]. 北京:商务印书馆,1964:23.

理论与社会契约论联系起来，把政治社会的意志分为四种，即公意、个别意志或私意、团体意志和众意。众意是全体个别意志的总和，它包含着公意，但往往着眼于私人的利益，除掉众意中那些个别意志之间正负相抵消的部分，剩下的总和仍然是公意。公意来自众意，但众意不一定是公意。主权就是公意的运用，从"公意"产生的共同体——"公我"就是主权者。包括公意理论在内的卢梭的政治理论给后人留下许多想象的空间。一些人认为卢梭是反对专制的人权斗士，是激进的资产阶级的杰出代表。而另一些人则认为卢梭是专制主义的帮凶，卢梭强调公意的权威，要求个人服从公意，这就有可能导致暴政和自由主义的毁灭。

3. 黑格尔的制度思想

1821 年正式出版的《法哲学原理》，正如此书的另一个书名——《自然法和国家学纲要》，这是黑格尔在柏林大学时期专门研究政治哲学或国家学说的杰作。一般人认为黑格尔最大的成就是他的绝对精神哲学，而他的政治制度思想往往被人们所忽视。萨拜因就是这样认为的，他说："同宗教和形而上学相比，（黑格尔的政治思想）却只居第二位"①。在今天看来，我们有必要重新评估黑格尔的政治制度思想，因为他的《法哲学原理》与《精神现象学》一样博大精深。就其内容和精神实质而言，关于人的自由和权利的思想是黑格尔《法哲学原理》一书的重要命题，或者从某种程度上说是核心命题。什么是"法"？黑格尔认为："任何定在，只要是自由意志的定在，就叫作法。所以一般说来，法就是作为理念的自由"②。法就是指自由意志的定在，这里的"定在"是体现或实现的意思，而自由和意志在黑格尔看来是同一个词，"自由是意志的根本规定，正如重量是物体的根本规定一样……自由的东西就是意志，意志而没有自由，

① ［美］萨拜因. 政治学说史（下）［M］. 刘山，译. 北京：商务印书馆，1986：695.

② ［德］黑格尔. 法哲学原理［M］. 范扬，张企泰，译. 北京：商务印书馆，1979：36.

只是一句空话"[①]。因此,说"法是自由意志的定在",意思就是"法是自由的体现"。有人认为,"法"也可以理解为"权利",在德文中法和权利是同一个词,可见,"法""自由(意志)"和"权利"在黑格尔那里是内在相关的,《法哲学原理》的主旨就是研究人的自由这种权利的实现问题。作为人的一种根本权利,自由如何才能得到实现?黑格尔认为,人的自由、人的权利受到主客观条件的限制,是一个逐步得到实现的过程,真正的自由必须经过从低级到高级、从特殊到普遍、从抽象形式到主客观统一的过程。在《法哲学原理》一书中,黑格尔将自由、法的实现分为抽象法、道德、伦理三个阶段或三个环节。抽象法是低级阶段,这个阶段是自由的外在体现,只有抽象的形式的自由,自由是低级和片面的。道德阶段是较高级阶段,在这个阶段自由扬弃抽象的形式进入到人的主观内心之中,人具有了主观的自由,但仍然是片面的自由。只有到了伦理阶段自由才能得到充分具体的体现,因为在这个阶段,自由在主观和客观、特殊和普遍、外在和内在等方面得到了真正的统一。对自由在抽象法、道德、伦理这三个环节的演绎,构成了《法哲学原理》一书的主要内容。黑格尔认为,人是理性存在物,拥有自由意志。

在第一个阶段——"抽象法"阶段,人具有了一种最初的规定,这种规定是完全抽象的、直接的。相应地,人的自由只是一种直接的自由,必须通过外化体现出来,"必须给它的自由以外部的领域""自由这种实在性最初存在于一个外界事物中"[②]。人通过占有所有物才能证明是理性存在物。在德文中,所有权就是财产权或主要是财产权。这就是说,占有财产是自由意志的最初和最直接体现,财产"这种物权本身就是人格的权利""人格权本质上就是物权"[③],人人通过占有财产而使人成为人,才

① [德]黑格尔.法哲学原理[M].范扬,张企泰,译.北京:商务印书馆,1979:11-19.
② [德]黑格尔.法哲学原理[M].范扬,张企泰,译.北京:商务印书馆,1979:50.
③ [德]黑格尔.法哲学原理[M].范扬,张企泰,译.北京:商务印书馆,1979:48-50.

能作为真正的人而存在。相反,一个人没有能力拥有和占有财产,那么他就失去了做人的权利。因此,对财产权的拥有使得人的自由意志得以实现,拥有或转让自己的财产是人的自由,当然,转让财产必须通过契约平等协商。但是,黑格尔与洛克等人不同,他反对国家是通过契约产生的,也反对将人的所有东西转让出去,认为不是所有的东西都可以通过订立契约而实行让渡,只有物品、财产等实物可以让渡,而人格、普遍的意志自由等是不可以转让的。

在第二个阶段——"道德"阶段,人的自由扬弃了抽象的形式,进入了较高级的阶段。在抽象法阶段,自由意志借助外物——财产实现和证明自身的存在,但并没有得到充分体现。到了道德阶段,法扬弃其外在化的形式而进入到人的主观意志之中,是自由意志在人的主观世界的显现,这是比抽象法更高级的阶段。道德的发展又可以分为几个具体的环节。第一个环节是道德行为:在什么情况下人的行为才可以说是道德的?黑格尔认为人是有理性的,人的行为是有目的和意识的,这种目的和意识,黑格尔称之为"故意",因此,有道德的行为就是"故意"为之,是有目的和意识的行为。第二个环节是动机与后果:一个人的行为虽然有目的,但结果有可能事与愿违,一个真正有道德的人应当将动机与后果统一起来。就是说,即使出发点是善良的,但没有带来好的结果,或者只问结果不管动机是否纯洁,都是不理想的。在这里,黑格尔实际上既批判了康德的动机论,也批判了功利主义的效果论。第三个环节是善与良心:善与良心阶段是前两个环节的否定之否定,在这里,黑格尔指出了道德最高境界是"善"及其表现形式——"良心"。良心又分为"形式的良心"和"真实的良心"。"形式的良心"不具有客观性和普遍性,表现的是人的特殊欲望和任性,反映了人的主观意志的特殊性。在黑格尔看来,"形式的良心"有可能导致"恶"的产生,而"真实的良心"由于实现了内在与外在、一般与个别的统一,它始终是指向善的。当自由意志发展到这个阶段,"真实的良心"超越了个人主观意识的狭隘性和单一性,成为一种客观化的精神的体现。至此,按照黑格尔的哲学逻辑,人的自由必然进入新的阶段——“伦理”阶段。

在第三个阶段——“伦理”阶段,自由意志分别在借助外物和深入内心后充分地实现了自己,进入到既通过外在化又通过内在化的“否定之否定”这样一个高级阶段,自由终于实现了抽象法和道德的统一、主观和客观的统一、特殊性与普遍性的统一,是客观精神的真实实现。自由在抽象法和道德阶段都只是偶然和特殊,只有到了伦理阶段,自由才具有现实性和普遍性。与柏拉图一样,黑格尔是一个国家至上主义者,他认为伦理阶段对于个人、民族和国家都是非常重要的。从个人角度来看,只有在伦理阶段,个体的本质才能具有一种普遍性,个人的自由才能得到充分的实现,也就是说,只有在伦理阶段,人的价值才能得到充分的体现,人的存在才是最理想和最有意义的。就一个民族来看,伦理阶段是民族传统和风俗习惯得以存在和发展的高级形式,但只有到了国家阶段,一个民族共同体的族群意识和生存信念才能得到升华和提高,民族精神才能得到真正的张扬。就国家层面而言,黑格尔认为他的法哲学是服务于国家的,因为国家是个人的最终归宿和历史发展的最终目的。伦理阶段是绝对理性演化的最后阶梯,是实现了的宇宙精神和世界理性,而国家就是伦理理念的实体化,是自由精神的理想家园,在这里,思辨理性的普遍性得到体现。在伦理阶段,与在抽象法和道德阶段一样,黑格尔运用他的“肯定、否定、否定之否定”三段论模式,把伦理分为家庭、市民社会和国家三个依次递进的发展阶段。家庭是伦理的初级阶段,是人与人的自然结合,在这个阶段,个人第一次超越自我的单纯性而获得一个新的存在实体——家庭,这是伦理实体的雏形。随着时间的推移,家庭就会演化为一种更高级的伦理存在形式,这就是市民社会。在市民社会阶段,每个人都以家庭为单位组成一个更大的共同体,在这个共同体里,人与人的利益矛盾代替了原来的家庭伦理,但这是伦理发展的必经阶段,但不是最高阶段。按照黑格尔的法哲学思想,家庭和伦理市民社会只是伦理发展的两个必经环节,只有发展到国家的程度才充分地体现出来。国家是伦理理念的最终实现,是绝对自在自为的理性。个人只有在国家中才能充分得到肯定,才是自由的。因此,黑格尔的法哲学和国家哲学认为,国家就是地上的神,“他”高于个人和其他共同体,个人和其他共同体只有成为国家共同体的组成部分才能获得客观性、普遍性和伦理性,才能成为摆脱偶然性、单一性和主观性的真正意义上的个人和真实共同体。

6.2 社会制度的基本要素与功能

6.2.1 社会制度的基本要素

在约定俗成的理解中,我们总是把制度仅仅理解为一系列见之于文字的规则,结果就常常会发生制度成为一纸空文的现象。这是因为我们没有把制度作为一个系统看待。一个完整意义上的制度,是具有自我实现能力的或者说是具有自我实现可能的基本条件的。我们认为,规则、对象、理念、载体,这四大要素构成制度系统。任何一个制度都必须具备这四个要素,缺少任何一个要素,该制度都是不完整的,甚至是不存在的,或者至少说是名存实亡的。

1. 规则

所谓“规则”,是制度的内容。规则是一些基本的准则、标准、规定等,它通过规定权利、义务、责任,或是赋予某种事实状态以意义而具有约束力。规则从来源上看,可能是社会习俗的积淀自发形成,也有可能是由某一具有权威的部门所创制。规则的内容各种各样,但只要是规则就必然具有形式上的一致与逻辑上的一致。规则提供的是一种环境,在这种环境的熏陶、训练甚至强制之下,人们久而久之会把习惯转化成为自然,把外部的理性之物转化为内部的理性之物。正如中国古人所讲的“从心所欲而不逾矩”。

很多的学者,特别是制度经济学派往往把“规则”等同于制度。规则是制度很重要的要素,但不能简单地等同于制度。英国法学家麦考密克在《制度法论》一书中,曾经试图区分“制度”和“规则”两个概念,认为“哲学意义上的制度(和制度事实)显然与规则有某些关系,但并不与规则等同”。制度“存在于规范或规则的背景中,并为规范或规则而存在,这些规范或规则(以复杂的组合形式)各自对人在社会背景中的行为赋予意义、使之合法、加以管理甚至予以认可”。制度概念“是用规则或通过规则表述的,规则的任何出现、发展或进化的过程都可能是制度的出现、发展或进化的过程。这要取决于有关的机构将规则的发展或进化加以概念化的方式。”麦考密克的这一分析初步对规则与制度的关系做了一定的厘清。作为制度要素的规则必须符合以下要求:一是普遍性。规则不同于个别性、特定性、一次性的命令、指示或决定,而是一种包含着普遍性的允许、命令或禁止非特定的人们如何行为的规则。规则适用于一类人,而非特定的、具体的人;它是反复多次适用,而非只适用一次。有点类似黑格尔所说的“规定和确立普遍物”,其所涉及的内容是“完全具有普遍性的事务”。在规则所涉及的范围内不应该有不受规则影响的主体和行为,制度的规则是社会有序化的关键,它把社会结构和社会活动的主要领域都纳入自己的调整范围。所以,规则对社会关系的调整不是个别调整,而是规范性的一般调整,每一规则都是对某一类人或事发生作用。规则必须是以全称命题的形式出现的。表述规则需要运用一般词句或普遍词汇,即具有较大综合性和包容性的概念、术语。规则所适用的不是一个个体,而是一类个体。不管这个类多么小,它必须覆盖这个类中的全体,否则就不叫规则,而只能叫命令。规则常常有例外,但即使这个例外,也通常是在规则的表述中有所提及的。二是可操作性。规则的可操作性是指规则具有通过一定操作程序而确切地加以执行、适用和遵守的特性,而不受主体的任意说明与解释的控制和支配。规则是公开的。制度是规范人各种行为的,要遵守制度,首先应该认识、了解制度的规则,不能要求人服从没有公布的"内部规定"或"秘密法"。规则必须是肯定的、明确的、普遍的规范。规则的语言必须明确易懂、简明扼要、严谨一致,避免含有歧义的用语。规则设定的权利义务应该是具体的、确定的,而不是原则性的、抽象的,即规则设定的自由裁量范围不能过大,否则就不易操作或会产生不公正的结果。规则还必须稳定。稳定性是规则保持其权威的根本,规则在制定、颁布以后,就具有了对于规则的制定者和颁布者来说的相对独立性,不能够随心所欲地加以改动。否则,朝令夕改、变化无常,人就不知道是否应严格按规则办事。三是一致性。规则的一致性就是指规则之间的不矛盾性、协调性、和谐性。尤其是对同一类主体和同一类对象所使用的规则,必须具有逻辑上的一致性。不能出现同一层次的规则之间相互冲突的现象。同一层次的规则之间的冲突,不仅使得规则本身失效,还会严重影响制度的权威性与制度存在的理由。所以,应避免不同规则之间的矛盾。四是规则结构合理性。结构的合理性包括内部结构的合理性和外部结构的合理性。前者指规则的内部逻辑上的结构要素(假定、处理、后果)的齐全、合理,任何规则的要素都不能缺少;后者指规则的集中表现——不同层次的结构应是层次分明、逻辑合理、前后照应、严谨一致的有机组合。

总体来说,规则实质上就是以法律、法规、契约、公约等形式规定下来的准则,这些准则成为各种社会主体行为的规范。或者说,规则的实质就是把各主体的行为合理化、有序化、契约化。

2. 对象

对象是制度的指向与范围,最直接的意思就是制度所涉及的范围与领域。制度不可能是没有范围和所指的,不存在放之四海而皆准的制度。制度必定是某一范围、某一领域、某一方面的制度,这范围、领域、方面就构成了制度的对象。比如社会制度,其对象就是社会领域的关系;经济制度,其对象就是经济领域的关系;政治制度的对象就是政治领域的关系。

小而言之,办公室的值班制度,其对象就是办公值班这件事情。

我们提出制度对象的理论基础是客观世界是由各种对象组成的,任何事物都是一个对象,每个对象都有自己质的规定性和运动变化的规律。不同对象的属性及其相互关系就构成了制度要反映、作用和影响的客观存在。

如果从哲学意义上讲,制度对象也是制度存在的条件。制度本身也是一种对象化的产物。马克思指出:“一个存在物如果在自身之外没有对象,就不是对象性的存在物。它没有对象性的关系,它的存在就不是对象性的存在”,而“非对象性的存在物是非存在物”,或者说“是一种非现实的,非感性的,只是思想上的,即只是虚构出来的存在物,是抽象的东西”。

当我们使用制度对象这个概念的时候,在理论潜台词上是把制度作为一个活动的主体来看待的。这一主体的含义并不是说“人是主体”时的主体含义,而是在行动主动者的意义上使用主体这一指称的。因为在一切对象性活动中,活动的主体都是同其活动所指向的客体相对应、相关联而作为主体存在的。因此,我们应该把认识论意义上同认识活动所指向的客体相对应、相关联的主体,扩展为同一切对象性活动所指向的客体相对应、相关联的主体。这样,和客体相对应、相关联的主体,不但有狭义的认识论意义,而且有广义的活动论意义。在这里需要注意的是,一般意义上来说,人是制度的主体,但就制度本身而言,人又变为制度的客体,因此,在制度系统中,人之于制度是主客体统一体。

我们把制度对象作为一个独立的要素提了出来,就是要说明,制度的规则必须有明确的对象所属和对象范围。社会不但包含人与人之间的联系、关系、相互交往和共同的物质条件下的生产活动和生活活动,而且还包含社会结构和政治结构,这些都使制度的对象异常丰富与复杂。如果制度的对象不明确,或者说制度对象定位有偏差,都容易使得制度不能很好地发挥其功能,甚至使制度名存实亡。

3. 理念

理念是制度规则所体现出来的价值判断与目标定位,不同理念引导下的制度就会体现出不同的性质。我们日常生活中所说的好制度与坏制度之分,主要源于制度理念的不同。制度理念一般是不独立体现出来的,它肯定要与一定的规则、规范相联系。如果一定要将它成文体现出来,它大致与社会正式的或非正式的、主流的或非主流的价值观念相类似。

既然理念存在着好坏、优劣,那么在构建制度时就存在着要理性地判断和选择的问题,在制度形成后就存在着要自觉地调整、修正和更新的问题。这种判断、选择、调整、修正、更新的最终根据就是主体对自身根本的总体的需要及其更好地满足这种需要的方式的认识。

4. 载体

载体是制度的形式,有什么样的载体就有什么样的制度形式。如果没有制度的载体,我们便无法把握制度的现实样式,制度的载体是具体的、可感知的,它的最普通的形式便是条文。条文可以记录和表达一种制度的基本内容,将这一制度的具体特征以规范化的、可了解的方式表述出来。

当然,条文并不是制度载体的唯一形式,在制度早期,制度是以口传心授的方式进行的,在这种方式中,制度的载体便是人,甚至在许多现今保留着一定原始状态的民族社会中,以人作为制度载体的状况依然相当普遍,比如说巫师、头人等。但是,这种原始的制度形态有其必然的局限性。在这种方式中,一个制度的承担者必须能够完全记住他所承载的制度,这样一来,制度信息保存就会受到个人能力的限制。此外,个人的主观因素常常会破坏制度固有的规范性和形式性,因为在口传心授的过程中,传播者很可能会按照自己的利益取舍有意或无意地改变其制度的某些特征。后来制度的载体便以风俗习惯体现出来,再往后,道德、“礼”等都做过制度的载体,进入现代社会后,法律形态逐渐成为了制度的主要载体。

不同的载体,使得制度具有了不同的形态,以法律为载体,制度就体现为法律;以规章为载体,制度就体现为规章;以习惯为载体,制度就体现为习俗这种非正式制度；以不可言传的心理认同为载体，就形成了潜规则。

6.2.2 社会制度的基本功能

制度客观存在是一个事实，但这一事实也必然有其目的因。这目的因就构成了制度的应然功能。从历史唯物主义的角度看，制度的应然功能是制度合目的性与合规律性的统一。从应然的角度说，制度有三大功能：促进社会的发展，实现人与社会的协调发展，促进人的全面发展。

1. 促进社会的发展

社会并不是一个空旷的场所，也不是一个杂乱无章的集合体。正如人是社会关系的总和一样，社会反过来也是人的共同体，是人们在一定关系基础上的群体化的存在方式，社会是人的个体与群体或整体的统一。正因为社会是由这样一些个体、群体、关系组成的集合体，它就离不开制度作为规范与规则对其进行整合与维护，否则不仅不可能实现发展，存在都是一个问题。

第一，制度促进社会形态从低级走向高级。从本源上讲，社会的发展是一个自然的历史过程，但在这一过程的进行中，无疑离不开制度的促进和保障作用。因为社会越是不断地发展，从低级到高级，从简单到复杂，从野蛮到文明，其社会关系就越发复杂。社会关系越复杂就越需要制度的规范与整合。在现象上，人类社会与某些动物，如蚂蚁、蜜蜂等的群体组织有些相似。在这些动物的组织中也存在着类似权威与服从、权利与义务的关系。但是，动物群体的组织是以生物机制为基础的，是在生物进化中自然形成的。而人类社会是人类根据自己内在本质的需要而建立起来的。自人类社会出现之日起，就伴生着制度形态的存在物。有文字记载的历史表明，任何类型的社会共同体都要通过人们自觉建立的国家来组织，都要以一定意识形态作为理性基础。因此，社会的存在和延续表现为制度等规范体系的存在、延续。

社会发展无论是生产力的提高、科学技术的进步,还是物质财富的增长、精神财富的创造,都要在一定的制度框架中进行。不同的制度框架为社会生产力的发展和提高提供不同的保障与促进作用。

第二,制度缓解社会冲突,实现社会协调。由于社会上存在着不同的利益需求和不同利益主体之间的利益冲突,社会并不是一个整齐划一的集合体,而是充满矛盾、充满冲突的场所。在社会财富相对短缺的情况下,各种利益群体总是处于不断分化、组合之中,往往发生矛盾和冲突。为了不使这种矛盾和冲突对社会造成破坏,制度为社会成员提供社会关系的规范、行为准则,人们按照这些规范行事,就能使整个社会的关系表现得结构完整,活动有条不紊,各方面配合默契,整个社会机体运转灵活。社会关系一旦失调,社会机体失灵,就会造成社会的混乱。当今社会,随着科学技术的迅速发展,人类社会进入了一个高度发展时期,社会成为一个结构复杂的有机体,组织程度高,规模大,各个系统纵横交错,各种因素盘根错节,因此制度的整合功能就显得更为突出和重要。运用制度解决矛盾和冲突的过程即是整合社会的过程。由此形成的"稳定和秩序"是各种力量互动的平衡点,是整合的结果,蕴含了社会已经达到或能够达到的整体力量。

2. 实现人与社会的协调发展

人是社会的动物,人的生存和发展离不开特定的社会环境。社会既是人通过交往建构起来的存在,又是制约和决定人的存在的先决条件。马克思指出,人即使不像亚里士多德所说的那样,天生是政治动物,无论如何也天生是社会动物。但人与社会之间的关系是复杂而辩证的,一方面两者是一种相互依存、相互联系的关系,另一方面两者之间又是一种相互对立、相互排斥的关系。因为"社会"往往容易成为类似于霍布斯所说的"利维坦"怪物,以所谓的普遍意志凌驾于每一个个体的人之上。爱因斯坦把这种现象称为"我们时代危机的本质原因"。如何避免这两种情形的出现,协调好两者之间的关系,使得两者之间相互促进、相互发展,而不是互相对立、互相压制,就有待于制度的安排。

总之,良好的制度安排可以为人提供极为广阔的自由空间,为社会提供强大的动力机制。通过这一安排,不仅社会得到前所未有的持续发展,还为人充分展示其自由个性、发挥其本质力量提供了条件;社会保持了较为长久的和平、安定和秩序,步入一个持续、快速、健康发展的轨道,这又反过来为个人才能的充分发挥,提供了通畅的路径和有效的条件。

3. 促进人的全面发展

人的发展包括三个层次:一是基本需要的满足;二是素质的提高;三是潜力的发挥。在这三个层次中,基本需要的满足是人的发展的基础,素质的提高是人的发展的关键,潜能的发挥是人的发展的目的。只有人的素质提高了,才能真正发挥出人的潜力,也才能实现人的可持续发展。而这三方面都离不开制度的促进与保障。基本需要的满足依靠社会生产力的发展和社会生产的进行,素质的提高依赖于社会的文明进步,潜力与能力的发挥更有待于制度提供良好的空间。

制度促进人的发展是一个历史过程。马克思说:"人们不能自由选择自己的生产力——这是他们的全部历史的基础,因为任何生产力都是一种既得的力量,是以往的活动的产物。可见,生产力是人们应用能力的结果,但是这种能力本身决定于人们所处的条件,决定于先前已经获得的生产力,决定于在他们以前已经存在、不是由他们创立而是由前一代人创立的社会形式。后来的每一代人都得到前一代人已经取得的生产力并当作原料来为自己新的生产服务,由于这一简单的事实,就形成人们的历史中的联系,就形成人类的历史,这个历史随着人们的生产力以及人们的社会关系的发展而成为人类的历史"①。人们自己创造着自己的历史,但他们是在制约着他们的一定的环境中,是在既定的现实关系的基础上,在十

---

① 中共中央马克思恩格斯列宁斯大林著作编译局. 马克思恩格斯选集(第 4 卷)[M]. 北京:人民出版社,1995:532.

分确定的前提和条件下进行创造的。其中,经济的前提和条件是决定性的,政治等的前提和条件,甚至那些存在于人们头脑中的传统,也起着一定的作用,尽管不是决定性的作用。

6.3 社会制度的变迁

制度变迁是指社会制度的演变,包括制度的出现与消亡、同一制度的更新与发展、不同制度之间的更替与转换等情形。

6.3.1 社会制度变迁的原因和动力

社会制度变迁的原因和动力用以解释是什么导致了制度变迁的发生。在西方学者中,戴维·菲尼的分析具有代表性。他认为制度变迁的原因和动力主要包括:(1)潜在利益的驱动。主体意识到改变现有安排,他们能够获得在现有制度下得不到的潜在利益。(2)制度格局的失衡。在维持原有制度安排均衡的因素中,一些因素发生了变化,出现失衡,从而需要用新安排建立新均衡。(3)对预期收益的追求。当经验告诉人们创新制度能够带来新的、额外收益时,也就促生了人改变制度的愿望[①]。唯物史观则从社会基本矛盾发展运动的角度揭示制度变迁的本质和动因。恩格斯指出,一切社会变迁和政治变革的终极原因,应当到生产方式和交换方式的变更中去寻找,到相应时代的经济中去寻找:"对现存社会制度的不合理性和不公平性、对'理性化为无稽,幸福变成苦痛'的日益觉醒的认识,只是一种征兆,表示在生产方法和交换形式中已经不知不觉地发生了变化,适合于早先的经济条件的社会制度已经不再同这些变化

① 奥斯特洛姆,D.菲尼,H.皮希特.制度分析与发展的反思——问题与抉择[M].北京:商务印书馆,1992:138-143.

相适应了。同时这还说明,用来消除已经发现的弊病的手段,也必然以或多或少发展了的形式存在于已经发生变化的生产关系本身中。这些手段不应当从头脑中发明出来,而应当通过头脑从生产的现成物质事实中发现出来。[①]”当然,经济因素、生产力的决定性作用不是机械的,更不是单一或唯一的因素,阶级、政党、国家、意识形态等对制度的变革也有着重要影响。

6.3.2　社会制度变迁的过程与方式

社会制度变迁的过程和内容十分复杂。从制度外观上看,它包括同一制度的自我更新、拆分与发展,不同制度之间的更替或融合,制度的移植,等等。这些形式又往往不是单独发生的,通常同时包含着多种形式的复杂变化。从制度的纵向层次看,制度变迁包括根本性制度、基本性制度和具体性制度等各层次制度的变化。从制度的横向结构看,制度变迁包括制度的目标系统、规则系统、设备系统、对象系统等各组成部分的变更,这里的情况又是极其复杂的,各个系统和部分的变化往往是不同步的,甚至不同性质的制度系统也能够共存于一个制度体系之中。通常而言,一旦制度的目标系统发生了变化,制度各个系统中与新目标不相容的部分,就迟早会成为“制度缺陷”而被修正、被更新。社会制度变迁的方式是多种多样的,但归结起来主要有渐变和突变两种。渐变和突变又都有着多种类型或性质,甚至有时它们的发生并不带来制度的进步,例如,由于民族征服等情形,社会有时会被从一种较先进的制度中拉回到较低级的制度下。渐变和突变的相互渗透,使得制度变迁表现出扬弃性,表现出否定之否定的恢复性。但制度变迁不是自己完成的,而是通过人的活动来实现的,人是制度变迁的主体。这里的人不是抽象的、整齐划一的人,而是

---

① 中共中央马克思恩格斯列宁斯大林著作编译局. 马克思恩格斯选集(第 3 卷)[M]. 北京:人民出版社,1995:740 - 741.

现实的在社会生产生活中、制度系统中处于不同地位的人,而且他们常常以阶级、阶层或集体的方式参与到制度变革之中。在渐变中,往往表现为制度的主导者,即统治阶级自愿或不自愿地对制度进行调整、完善甚至改革。但从根本上说,人民群众是历史的创造者,也是制度变迁的主要推动者,渐变和突变都是如此。当然,群众中先进分子所组成的政党组织、群众中杰出的领导人物,通常对制度的创设和变革起到独特作用。

6.3.3 社会制度变迁的条件与实现

制度的渐变与突变所要求的条件是不一样的。关于制度突变的条件,可以从马克思主义经典作家对"革命发生的条件"的论述中得到许多启示。马克思指出,"彻底的社会革命是同经济发展的一定历史条件联系着的;这些条件是社会革命的前提"[①],而当"社会的物质生产力发展到一定阶段,便同它们一直在其中运动的现存生产关系或财产关系(这只是生产关系的法律用语)发生矛盾。于是这些关系便由生产力的发展形式变成生产力的桎梏。那时社会革命的时代就到来了。随着经济基础的变更,全部庞大的上层建筑也或慢或快地发生变革"[②]。列宁也指出,"要进行革命,单是被剥削被压迫群众认识到不能照旧生活下去而要求变革,还是不够的;要进行革命,还必须要剥削者也不能照旧生活和统治下去。只有'下层'不愿照旧生活而'上层'也不能照旧维持下去的时候,革命才能获得胜利。"[③]可见,"制度的革命"、突变是与经济发展状况相联系的,当生产力发展到与生产关系不再适应,生产关系成为生产力进一步发展的桎梏时,革命或变革就迟早会发生,当然,这种发生也是需要条件的,不

---

① 中共中央马克思恩格斯列宁斯大林著作编译局. 马克思恩格斯选集(第3卷)[M]. 北京:人民出版社,1995:287.

② 中共中央马克思恩格斯列宁斯大林著作编译局. 马克思恩格斯选集(第2卷)[M]. 北京:人民出版社,1995:32-33.

③ 中共中央马克思恩格斯列宁斯大林著作编译局. 列宁选集(第4卷)[M]. 北京:人民出版社,1995:193.

仅需要被统治者的觉醒与组织，还需要统治者及其统治陷入危机，等等。社会制度渐变的条件或实现程度也与许多因素有关，至少包括以下几个方面：(1)取决于制度掌控者提供新制度的能力和愿望。现实制度安排的场所是一个非完全竞争场所，制度掌控者对制度安排具有某种程度上的垄断权，他们调整制度的意愿和主观能力，尤其是他们的利益权衡，直接影响着制度调整进度。(2)制度创新的成本和风险。如更新制度的成本过高或风险过大，人们就可能望而却步。(3)知识积累为制度创新提供的可能性。主体的制度知识、经验、技术等的积累和发展，主体制度素质的提升，有助于新制度的诞生。(4)现存制度的影响。现存制度所形成的制度依赖、文化性制度模式等，也会影响制度的变迁。它们或许不能阻止新制度的产生，但却能影响新制度的一些特征。(5)收益计算与权衡。在其他条件一定的情况下，"上层决策者"可能的净得利益是左右制度渐变的重要因素。新制度的供给"主要取决于一个社会各既得利益集团的权力结构或利益对比"，而且由于"上层决策者"们的利益与社会利益并不一致，所以新制度的供给和安排往往无法实现社会利益最大化①。

6.4　社会制度发展理论对我国的启示

6.4.1　制度建设要有充分的自觉性

传统的中国社会是一个规则不兴的社会。在这里规则就是"规则很少"或"无规则"，"潜规则"兴甚于明规则，不懂得"潜规则"几乎就等于不懂得生存法则。"关系社会""人情社会""潜规则社会"是对"表面社

① 奥斯特洛姆，D. 菲尼，H. 皮希特. 制度分析与发展的反思——问题与抉择[M]. 北京：商务印书馆，1992：144－152.

会”有着巨大影响的“暗社会”。社会内耗严重，资源配置效率低下，人才浪费现象普遍，社会风气难以清新，综合发展效率受损。应提高制度建设自觉性，及时结合经济社会发展状况加大制度创设力度，以厘清社会关系，改善社会秩序，解放社会生产力。而且，要把制度意识、制度化作为一种文化、一种社会意识大力培育，使之深植于社会潜意识之中，成为全社会的思维和行为习惯。

6.4.2 制度建设要坚持正确的理论指导

看待西方和马克思主义两大制度理论，要摈弃非此即彼的简单思维。既要反对那种抛弃马克思主义指导，以现代西方理论为救世法宝、言必称西方的做法，又要反对那种唯马克思主义理论独尊，盲目排斥其他理论，画地为牢的做法。既要坚持马克思主义的基本观点、基本方法，又要认识和借鉴西方制度理论中的合理之处。

6.4.3 制度建设必须恪守“人民性”

制度总是一定阶级阶层利益的体现和实现工具，制度的创设总是围绕实现和发展某些社会主体的利益来进行的。制度的制定过程是个利益博弈过程，在博弈过程中很容易出现制度利益的“马太效应”。一方面，特定制度的受益者会成为该制度的坚定支持者和积极参与者，未得利益者或利益受损者，会成为消极观望者或自觉抵制者。长此以往，前者对该制度的认知和掌控能力日益增强，后者对该制度的认知和影响力则日益衰微，该制度就日益成为了“部分人的制度”。另一方面，现实社会存在着影响深远的“制度上的贫富分化”，从现存制度获益较多的参与者拥有更多的维持现状的资源和能力，而在另一种制度下可能获益的参与者，可能不满于自己在当前制度框架中的劣势地位，却苦于没有创立新制度所需的便利条件、资源，或支付不起各种成本而被迫接受自己的弱势地位。由此，即使变化了的环境呼唤有利于全社会的制度调整，既得利益集团仍能维持既有规则,以致使现行制度陷入僵化,损害物质进步、人类的其他需求的满足和社会整体利益[①],进而又不断拉大制度上的“贫富差距”,扩大社会成员、阶级阶层发展上的差距。在制度创设中必须克服“马太效应”和“贫富差距”,提高政策的普惠性。我们是人民民主专政的社会主义国家,具有人民代表大会制等科学的民主制度,推进民主法制建设的政治前提、阶级基础和物质基础是得天独厚的。关键是要按照建设共享式社会的要求,加快民主政治建设步伐,真正落实、保障和发展人民民主,使政策制度源自人民、为了人民,代表最广大人民群众的根本利益。

6.4.4　制度建设需要提高完备性和权威性

制度建设是一门科学和艺术,要有较强的制度意识、制度建设能力和健全的制度均衡机制,保证制度体系的完备性和权威性。当下,部门“趋利避害”现象普遍,涉及权力、利益时,往往政出多门、交叉重叠,涉及公共产品供给、公共服务、监管职责等事项时,又常常无人愿管,出现制度空白和短缺。同时,制度的权威性也不够强,本应在制度制定阶段进行的诉求表达、协商与利益整合却发生在制度的落实阶段。执行中讨价还价、以“特殊情况”要求“例外”、阳奉阴违、上下左右相互博弈等现象层出不穷,严重损害制度的严肃性、权威性和落实效果。对此,我们既要提高制度建设的自觉性,建设科学的制度文化,培育坚实的民主法治基础,又要遵循制度创设规律,提高“创制”技术,完善制度创设和运行的具体机制。

① 柯武钢,史漫飞. 制度经济学——社会秩序与公共政策[M]. 北京:商务印书馆,2000:480－481.

第 7 章

社会现代化发展比较研究

7.1 社会现代化理论的提出

20 世纪,社会现代化大潮席卷全球,人类新文明走向辉煌。在许多国家和地区,社会现代化不仅家喻户晓,而且成为奋斗目标,随着社会现代化理论的传播,在有些地区,社会现代化几乎成为一种口头禅。然而,关于什么是社会现代化,迄今还没有统一的定义。不同人对社会现代化的理解不尽相同,有些人甚至不理解社会现代化的含义。

社会现代化一词的英文翻译是 modernization,产生于 18 世纪,是从英语单词 modernize 和 modern 衍生出来的。社会现代化的内涵很丰富,不仅包括自大约公元 1500 年以来出现的新特点,还包括将来发生的新变化。新变化是多种多样的,可以是进步的,也可以是退步的。一般而言,社会现代化指进步的变化。社会现代化既可以表达一个历史过程(发展过程),也可以表达一种最新特点(发展状态)。

7.1.1 社会现代化的含义、内容和特征

1. 社会现代化的含义

早期社会现代化研究的先锋人物之一的 C. E. 布莱克于 1966 年在

《社会现代化的动力:比较历史研究》一书中对社会现代化有这样的认识:"社会现代化是在可能对自然和社会现象寻求合理解释的创新意识中显示出来的"。

社会现代化研究的又一权威人士塞缪尔·亨廷顿于1976年对社会现代化的理解如下:"社会现代化是将人类及这个世界的安全、发展和完善,作为人类努力的目标和规范的尺度。社会现代化意指社会有能力发展出一种制度结构,它能适应不断变化的挑战和需求。"他写道:"社会现代化包括工业化、城市化,以及识字率、教育水平、富裕程度、社会动员程度的提高和更复杂的、更多样化的职业结构。"

1984年,日本的树野佑三把社会现代化的进程依照"连续模式"和"隔断模式"的分类,实质上将发展的"流迹轨线"和发展的"阶段目标",以及它们在不同范畴中的表现,人为地排放在一起。同时,在应当把社会现代化作为一个整体的研究中却陷入了形式和术语无穷分割的研究怪圈。

1988年,R. R. 帕尔默和J. 科尔顿将社会现代化解释如下:"20世纪后期,全世界各民族都还在经历社会现代化的历程。它有许多形式,其中最明显的标志是飞机、超级市场、电脑技术和城市人口积聚。结果之一是在文明的某些方面出现新的全球一致性。这是一个过程"。

1993年,A. R. 德塞认为:"社会现代化的目的在于把握、评估和量化人类社会发生的巨大量变和深刻质变及进行其合理分界点的判断。这些巨大量变和深刻质变开创了人类历史的一个新时代。通过社会现代化,人类将进化到一个理性阶段的新水平,使其社会环境建立在富足的和合理的基础之上。"

在以上各类学者认识的基础上,中国科学院的一个研究小组经过较长时间的研究后于2001年指出,社会现代化是在人类发展的长河中不断更新自己的整体进程,永远是正向的矢量演化,其演化序列的极限追求即构成全人类社会现代化的绝对终极理想。

不同时段(期)的社会现代化,只能是人类整体社会现代化进程中的一个断面和一个特例,它是作为一个历史范畴和地理范畴交织的、具有时空耦合规定的、有关当代"体制调适""经济能力""科技水平""社会结构""文明进程""人与自然之间协同进化""可持续发展能力"等的综合度量,并应随时监测"需求欲望"对理性规范的逼近程度。

笔者给出的定义为,"社会现代化"是指人类社会从工业革命以来所经历的一场涉及社会生活诸领域的深刻的变革过程,这一过程以某些既定特征的出现作为完结的标志,表明社会实现了由传统向现代的转变。

2. 社会现代化的内容

社会现代化常被用来描述现代发生的社会和文化变迁的现象。从历史上来讲,它主要指近代以来,世界各国以西欧及北美地区近现代以来形成的价值为目标,寻求新的出路的过程,因此常与西方化的内涵相近。一般而言,近代化包括了学术知识上的科学化、政治上的民主化、经济上的工业化、思想文化领域的自由化和民主化等。社会现代化作为一个大系统,它的主要内容可以概括为八个子系统:

第一,工业化。在社会现代化进程中,经济现代化占据重要地位。经济上的现代化可以通过科技在生产中的应用,机械化、自动化程度的提高,国民生产总值的增长等来衡量,而其中关键在于工业化,它是传统社会进入现代化社会的动力。

第二,政治现代化。主要以效率和民主为标志,其实质是从专制制度向民主政治的转化,它不仅是工业化的前提,也是顺利完成经济现代化的重要保证。

第三,城市化。城市化意味着社会活动的中心由乡村转移到城市。一个现代化的社会,很大程度上就是一个城市社会。城市化的迅速推进从工业化进程中寻求到了动力,但城市化的结果又必须促进知识信息扩散,资本劳动力集中,市场体系发育,从而促进国家工业经济的发展,成为现代化过程中的一个重大变量。

第四,管理现代化。这已成为今天现代化的一个重要内容。管理现代化包括社会组织管理机构合理化、管理效率与控制能力提高、管理手段先进等。现代国家的一个标志就在于组织管理机构的不断完善。

第五,社会结构分化。随着社会生产的高度发展,社会结构开始发生根本性转变。社会分工越来越细密,社会的每一种结构都在社会生活中担负起专业化的职能。

第六,人的现代化。这是现代化的主体,是现代化活动的实际承担者,这就要求人的素质、思维方式、价值观念与行为方式等必须合理化,同时必须具备开放性人格、较高的教育程度、高尚的道德情操、理智而自觉的守法意识等。

第七,生活方式世俗化。随着社会生产力的提高、物质财富的丰裕,生活方式也相应发生变化。与传统的清心寡欲、宿命论的生活态度相比,人们用科学、世俗的态度来看待生活。生活水平与生活质量显著提高,生活方式健康,文明程度提高。

第八,观念理性化。按照上述内容,要求人们把社会现代化看作是一个整体性的过程,它涉及社会生活的各个方面,是整个社会生活的一个全新时代。在这个问题上,并不是所有国家、所有人的认识是一致的。在西方,有人试图用"工业化"这个概念取代"现代化"的概念,以为现代化无非就是用工业生产取代农业生产。在我国,直到现在还有相当一部分人把现代化仅仅看作是生产上、生活上的现代化。经济现代化是整个现代化的核心和基础,但它要以其他方面的现代化为条件。从过去到现在,很多发展中国家都走过一段片面追求经济增长的弯路,其结果是,虽然经济上获得了较快的增长速度,但两极分化的状况进一步恶化,经济的增长不能惠及一般人民群众,环境遭到严重破坏,失业问题严重,各种社会问题突出,各种社会矛盾进一步激化,被人们称之为"没有发展的增长"。

3. 社会现代化的特征

第一,社会现代化具有革命性。从传统社会向现代社会的转变,只能与人类起源的变化和从原始社会向文明社会的变化相比拟。社会现代化的发展,以一种革命性的面貌出现,能使人类社会变化的速度越来越快。

第二,社会现代化具有主体性。在社会现代化的整体发展过程中,人的全面发展始终是其主要内容,因为人是一切社会的内涵,是社会发展的主体。同时它实际上包含着人类思想和行为一切领域的变化。

第三,社会现代化具有全球性。在这种全球性的社会现代化过程中,最终形成的将是一种全球性的现代文明,这种新的全球性文明,将是各个国家、各个民族、各个地方以自己的现代化建设实践和成就为之做出贡献的,但同时又超越了各个地方文明的一种崭新的文明。

第四,社会现代化具有多样性。社会现代化是人类社会发展的总趋势、总目标。在这一总趋势和总目标上,当今世界各国是趋于一致的,但在社会现代化的具体内容、具体目标及实现自己现代化目标的方式上,各国的发展并不完全一致,任何国家,如果照搬别国的模式去实现自己现代化的目标,就一定会走入死胡同。

第五,社会现代化具有不可逆性。虽然在社会现代化过程中,某些方面可能出现暂时的挫折和偶然的倒退,但在整体上社会现代化是一个长期的趋向。

第六,社会现代化具有进步性。在转变时期,社会现代化的代价和痛苦是巨大的;从长远看,社会现代化增加了人类在文化和物质方面的幸福感。

第七,社会现代化具有整体性。发展中的社会主义国家和发达的资本主义国家,都面临着全面实现社会现代化的历史性选择。

7.1.2 社会现代化理论的发展

从现代化的思想渊源来讲,现代化思想可以追溯到 16 至 18 世纪的思想家对现实资本主义文明的批判,但西方现代化理论成型大致始于 19 世纪后期。从 19 世纪后期到现在,西方现代化理论大致经历了三个发展阶段。

1. 古典现代化理论阶段

这是现代化理论的最初阶段,大概处于19世纪后期到20世纪30年代之间。这个阶段奠定了现代化理论的基础,指出现代化是从社会低级形态向高级形态转变的过程。在现代化研究的古典时期,社会学家一般采取类型学方法,根据自己研究需要把人类社会分为不同发展阶段,然后描述社会不同阶段的特质并探索社会从低级形态向高级形态过渡的途径。这是早期社会学家研究社会进化的必然路径,如社会学创始人法国的孔德、英国的斯宾塞,以及后来的德国的滕尼斯和马克斯·韦伯、法国的涂尔干等,都是如此。其中,以涂尔干和马克斯·韦伯较为典型。

涂尔干于1893年发表了《社会劳动分工论》为了论述社会分工与个人和社会的关系,他把社会分成两种不同类型的社会结构:一种是古代社会,另一种是发达社会。古代社会的社会结合形式是机械团结,因为它是一种基于彼此相似或相同而形成的团结。社会成员在家庭群体或宗教集团的群体中,有着严格的劳动分工。机械团结的根本特征是它所依赖的在信仰、情感和意愿上的高度同质性。在发达社会里,社会成员按照社会的分工执行着某种专门的职能,人人都意识到自己要依赖他人,所有的人都由分工所造成的社会关系的统一体联系着,由此造成人们彼此的相互依赖感、团结感和自己与社会的联系感。他把发达社会出现的团结形式称为有机团结。有机团结随着社会分工的发展而出现。涂尔干在对机械团结与有机团结的分析中,暗含着一种社会变迁的模式。他把机械团结的社会和有机团结的社会看作是统一的进化链条时间上的两个环节,社会分工的发展推动了社会结构从机械团结向有机团结的转变。

马克斯·韦伯与涂尔干不同,开辟了用文化作为社会变迁的动力来分析社会发展的研究思路。他通过对西方、东方不同地域的宗教文化特点的分析,发现了宗教伦理规范和价值观念与资本主义发展有着内在关系。他对宗教文化的研究是全方位的,他的《宗教社会学论文集》是说明

“给行动以实践的动力”的宗教伦理是如何决定人的社会行动、特别是作为其形态之一的经济行动的。他认为行动的最合理化形态是资本主义。他认为资本主义之所以最早在英国等西欧国家兴起是因为印度、中国、阿拉伯地区、南欧等地方的宗教不具有促使教民发展经济的文化氛围。这些地方出现或接受的宗教都是苦行僧主义的宗教,这些宗教教导人们蔑视物质生活,提倡禁欲主义。这种教导是生产不发达和社会贫穷的反映,反过来又成为接受这种经济状况的精神枷锁。而西欧地区的宗教通过路德和加尔文对教义的重新解释,新教教义产生了新的伦理规范和价值观念,包括“守时、勤劳和节约”“精打细算的谋利方式”“艰苦的劳动精神”“为职业劳动献身”,以及合理的劳动组织和核算制度,精密、严格的管理方法,依靠合法手段、通过正当的交易赚取更多钱,等等[①],这些伦理规范和价值观念就是要求教民在抑制自己消费的同时,努力生产。这一教义对西欧资本主义发展非常有意义。正如罗德尼·斯塔克在《社会学》中指出的一样,这种教义要求人们努力生产而又抑制自己的消费,就能把节省下来的财富再用于投资,这是一条致富的捷径。人们有了这种文化氛围,资本主义就能发展起来。在韦伯看来,资本主义是一种较过去的社会形态现代化了的社会形态,是合理化的社会形态,因为资本主义是由合理化的法、合理化的统治方式(现代科层制)、合理化的知识(科学、技术)、合理化的艺术以及现代化的社会结构诸要素组成的。这种社会内涵,旧社会形态是没有的。

2. 结构功能主义现代化理论阶段

这是现代化理论的第二个发展阶段,大概处于20世纪40年代到70年代之间。这个阶段的研究特点是创制变量模式描述人类社会是如何从低级形态向高级形态转变的。这种研究是在肯定第一阶段的现代化研究的方法和理论成果基础上进行的。在现代化理论发展过程中,具有承上

① 奚从清. 社会学原理[M]. 杭州:浙江大学出版社,2001:336.

启下的环节作用。主要代表有美国结构功能主义社会学家T·帕森斯、马里奥·列维。

帕森斯从世界史角度把现代化分为三个阶段:第一阶段以欧洲的西北角(英国、法国、荷兰)为主导,其代表是英国的产业革命和法国的民主革命;第二阶段以欧洲东北角(德国)的急速工业化为主导,由于民主化不平衡的落后状态,这一阶段产生了纳粹的大动乱;第三阶段的主导者是第二次世界大战后的美国,与欧洲相比,美国的民主革命与产业革命结合得更为紧密①。他创制变量模式来描述公社和社会这两类不同的社会类型。他的变量模式是由五对范畴构成的,而每一对范畴分别由两个不同的极端值组成。五对范畴分别是普遍性与特殊性、扩散性与专一性、情感性与中立性、先赋性与自致性、私利性与公益性。任何一种社会制度都是这五对范畴的组合。传统社会以特殊性、扩散性、情感性、先赋性、公益性等五种行为模式为特征;现代社会以普遍性、专一性、中立性、自致性、私利性等五种行为模式为特征。在帕森斯看来,社会现代化的实质是人类行为模式与社会关系的深刻变革。

马里奥·列维于1966年出版《现代化与社会结构》,从经济、政治和社会相互关系入手,分析现代化社会与非现代化社会的区别和联系,把社会分成现代化社会和非现代化社会两个形态,并认为随着社会结构的变化,社会的各种功能就要进行分化。现代化社会主要使用非生物性能源和非人体性工具,非现代化社会使用生物性能源和人体性工具。这是它们的根本区别。他认为现代化与非现代化是由两个极组成的一个连续体。他受帕森斯现代化"模式变量"的直接影响,也制订了一系列分析社会结构关系诸方面的模式变量。他用这个变量模式对两个社会类型的结构进行比较,概括了现代化社会的社会结构特征:(1)政治组织、经济组织、教育组织等社会诸单位的专业化程度高;(2)社会诸单位相互依赖,

① 罗荣渠.现代化理论与历史经验的再探讨[M].上海:上海译文出版社,1993.

其功能是非自足的;(3)伦理具有普遍主义性质;(4)国家权力集中,但不专制;(5)社会关系有合理主义、普遍主义的特征,其功能是有限制的;(6)发达的交换媒介和市场;(7)发达的社会科层组织;(8)由大家庭向小家庭过渡,家庭功能缩小①。

3. 当代现代化理论阶段

这是现代化理论的第三个发展阶段。在这个阶段,现代化理论研究不再是对社会现代化过程和模式的描述,而是对世界上各国取得的现代化经验和教训的总结,以及对现代化过程所面临问题的探讨,所以,这时期的现代化理论多种多样。社会学家通常把此时期的现代化理论分为两大类,即关于发达国家现代化的理论和关于发展中国家现代化的理论。前者包括后工业社会理论、超工业社会理论、增长极限理论、现代化的国家理论等;后者主要有社会趋同理论、依附理论等。

(1)后工业社会理论。

这是美国著名社会学家丹尼尔·贝尔在1973出版的《后工业社会的到来:社会预测尝试》一书中提出的。他把社会发展分为前工业社会、工业社会、后工业社会三个阶段,提出社会的不同发展阶段都有自己的运转中心原则,并称之为中轴原理。前工业社会以传统主义为轴心,依靠原始的劳动从自然界提取最初级资源;工业社会以经济增长为轴心,依靠机器从事商品生产;后工业社会以理论知识的中心地位和理论知识的整理为轴心,以科学为基础从事工业生产。丹尼尔·贝尔断言后工业社会建立在服务之上,这是人与人之间的竞技,其规则不是由肌肉力和能力决定的,而是由信息决定的。

(2)超工业社会理论。

这是美国著名社会学家和经济学家托夫勒提出的现代化理论。他于1980年出版《第三次浪潮》一书。在该书中托夫勒把社会发展分成四个

① 奚从清. 社会学原理[M]. 杭州:浙江大学出版社,2001:337.

阶段:渔猎社会、农业社会、工业社会、信息社会;把人类文明分为三个时期:第一次浪潮是人类从渔猎社会进入农业社会,第二次浪潮是人类从农业社会进入工业社会,第三次浪潮人类将从工业社会进入超工业社会。第一次浪潮历时数千年,第二次浪潮至今不过三百年,第三次浪潮可能只要几十年。在第二次浪潮中,人们注重对问题的分析,而不善于综合。人类完成第三次浪潮的基础是科技革命(超工业革命),它为个性的解放和自由的繁荣开辟了无限的可能,并最终导致人类的真正解放。

(3)增长极限理论。

由以研究人类当前和未来的处境问题为宗旨的非正式国际学会——罗马俱乐部建立起来的一种现代化理论。

1972 年受罗马俱乐部委托的美国麻省理工学院教授梅多斯发表题为《增长的极限》的研究报告。该报告阐述了四个基本观点:第一,地球给人类提供的经济增长是有限的。第二,工业文明的增长观是一种狂妄的、未加限制的增长观。第三,技术无法从根本上解决有限系统中无限增长问题。第四,限制这种增长趋势的办法只能是创造长期保持生态和经济稳定的条件。

1974 年美国的梅萨罗维奇和联邦德国的佩斯泰尔合作发表题为《人类处于转折点》的研究报告。该报告阐述了六个观点:第一,能源危机不是暂时的,而是反映了传统发展模式中所固有的一种趋势。第二,解决危机要依靠全球合作。第三,解决危机的途径不能只依靠经济增长。第四,任何基于短期利益的行为的最终结果必然产生反生产率。第五,必须发展一种使用物质资源的新道德——一种新的生产技术,其基础在于最低限度地使用资源。第六,建立人与自然相协调的自然观,抛弃征服自然的经济行为①。

1982 年受罗马俱乐部委托的波兰哲学家沙夫和德国的工会工作者

① 梅萨罗维奇,佩斯泰尔. 人类处于转折点[M]. 北京:三联书店,1987:139 - 150.

弗里德里奇发表题为《微电子学与社会》的报告。该报告是他俩针对信息论者的乐观态度组织不同学科的专家撰写的。该报告提醒人类要谨慎地对待微电子技术，提出使用微电子技术所面临的问题，即微电子技术所引起的工业革命会冲击所有经济部门和现有的一切职业，造成结构性失业。

(4)社会趋同理论。

这是一种探索发展中国家进行现代化建设应该走什么道路的现代化理论。社会趋同论的基本观点是任何一个国家进行现代化建设都会经历同样的过程，解决同样的问题，如经济上的工业化、政治上的民主化、社会城市化、生活方式现代化、人的现代化等。社会趋同论的创立者是荷兰经济学家丁伯根，1961 年他提出社会主义经济在背离计划经济模式，资本主义经济在背离私人经营模式，说明这两种制度的经济正在越来越相似。有的学者在他的思路基础上进一步提出了趋同的表现，认为工业化的社会正朝着共同的方向经历着纯粹的变化，包括分化的不断加强，个人主义，把传统束缚的人调动到市场、政府和其他机构中去，国家权力范围的扩大，对普遍了解的技术原理的依赖及类似的整合机制的发展，等等。列维说，随着现代化程度的增加，“相对地，现代化了的社会之间的结构一致性的程度也随之增加，无论这些发生变化的社会原来的基础存在多大的差异”，为此，他列举了美国、英国、苏联、法国四个工业社会之间的趋同表现。美国斯坦福大学社会学教授英克尔斯在他的研究中发现在文化上存在差异的不同国家的人对工业化有着相似的反应，①他还提出了实现社会现代化的统一标准，如人均国民生产总值要达到 3 000 美元以上，而农业产值只能占总产值 12% 以下，服务收入应占总产值 45% 以上，非农业劳动力比重要在 70% 以上，适龄年龄组中上大学人口应在 15% 以上，每个医生服务人数应在 1 000 人以下，平均预期寿命要达到 70 岁以

① [美]西里尔·布莱克. 比较现代化[M]. 上海:上海译文出版社,1996:518－523.

上，城市人口比重应在50%以上，等等[①]。社会趋同理论是西方技术决定论的表现，强调科技和工业化是现代化不可缺少的内容，受其制约的社会结构必将趋同。这种理论忽视了其他社会因素对现代化建设的影响，无法全面反映世界各国现代化过程的实际情况，存在着理论与实际不相符合的情况，遭到许多质疑。

(5)依附理论。

依附理论不是研究现代化实现方式的理论，而是研究有些国家为什么没有实现现代化的理论。创始人是阿根廷经济学家、联合国拉丁美洲经济委员会第一任秘书长普雷维什。他于1950年发表拉美经委会报告《拉丁美洲的经济发展和它的主要问题》，在其中提出，在当今世界里，存在一种"中心－边陲"的结构。发达国家组成了世界的"中心"，而其他国家构成了围绕这个中心的"边陲"地带。由于中心国家对边陲国家不平等的经济贸易关系和经济剥削，使得这些边陲国家经济停滞，转变为原料出口国，依附于中心国家的发展。该理论的代表人物是荷兰阿姆斯特丹大学发展中地区社会经济研究所所长弗兰克。他认为世界上国家的发达与不发达，不是社会发展的两个不同阶段，而是资本主义世界性经济和政治扩张的结果。依附理论认为发展中国家要实现社会现代化必须切断同资本主义世界体系的联系，走自主发展的道路；要依靠本国工人阶级推翻本国买办阶级；发展中国家之间要加强联合。

7.2　三种现代化发展模式

迄今为止，人类社会从传统社会向现代社会的过渡主要出现过三种模式：原发式、后发式和新发式。

---

① 韩明谟.社会学教程[M].北京：北京大学出版社，1987：302.

7.2.1 原发式

原发式主要指以英国、美国、法国为代表的最先实现现代化的资本主义国家的发展模式。称其为原发式,是因为它们是最初发展起来的现代化国家,在其发展的过程中没有任何前在的样板可资借鉴。整个社会的发展一切都凭社会自然的演进,人们并不知道历史发展的未来结局。由这种原发的特点出发,这种模式具有一系列特征。

第一,从发展动力看,发展的动力来自社会的内部由社会自身需要引起的社会内在矛盾推动社会的发展。以英国为例,生产领域珍妮纺纱机的出现是由于飞梭的发明引起棉纱供不应求,而飞梭的发明是由于人们对高质量的织物的不断扩大的需要。蒸汽机的出现是为了满足各种新机器对强大动力的需要。教育上的双轨制,是为了满足社会工业化过程中对少量尖端科技人才和大量有一定文化可以掌握机器生产的劳动力的需要。政治上的三权分立原则,是为了防止再出现克伦威尔独裁的现象。一些思想、理论界的新观念的出现,也是为了满足新的社会现实、新的社会存在的需要。

第二,从发展的特征看,由于这种模式是时间漫长的社会自然成长过程,所以整个社会发展表现出缓慢、渐进、稳步、和谐的特征。西方学者布莱克指出,在率先建设现代化的那些社会中,由于现代性的挑战主要来自内部,因而转变过程徐徐展开,延续了几个世纪[①]。他把现代化的发展过程分为三个阶段:(1)现代化领导的产生;(2)经济和社会的转变;(3)社会整合。以英国为例,他认为传统领导嬗变为现代化领导发生在1649—1832年;经济和政治转变发生在1832—1945年,直到20世纪国家的政治体制才完全适应了经济和社会的变革;社会整合则是第二次世界大战后几十年的事情。这种模式的最大优点和特点,就是从传统社会向现代社

① 布莱克.现代化的动力[M].成都:四川人民出版社,1988:13.

会的过渡具有渐进的自发性、稳定性和协调性。任何一个社会领域的演化都经过了一段足够漫长的持续阶段。例如,城市发展的速度比较缓慢,不像现代新发式国家中城市的急剧膨胀。伦敦人口从100万增加到800万,用了130年的时间,而墨西哥的墨西哥城只用了30年(1940—1970年)。

第三,从发展程序看,原发式大体经历了思想启蒙、政治变革、经济飞跃发展等阶段。

(1)思想启蒙。资本主义生产方式萌芽的出现,引起生产领域的变革、新的市民阶级的产生,适应代表新生产力的市民阶级的需要,出现了最初的思想启蒙运动。在西方,最初的思想启蒙运动就是为整个西方现代资本主义制度诞生做准备的文艺复兴运动。当时自然科学、自然哲学和人文主义思潮应运而生,成为向封建、宗教势力猛烈冲击的时代大潮。文艺复兴是一次人类以前从未经历过的伟大的进步变革,为西方文化确立了科学、民主、人文主义的特征。17至19世纪上半期,随着资产阶级力量的增强,为适应夺取政权的政治需要,资产阶级掀起更广泛、更深入的理性启蒙运动。理性成为裁判一切的最高法官,人权成为人性的本质要求,人成为目的本身,上帝不仅被无神论者证明为子虚乌有,并且被揭示为人的造物。自由、平等、博爱成为理性人道主义的战斗口号。理性、人权、自由、平等成为这一时期资产阶级文化的主要特征。夺取了政权的资产阶级,日益暴露出新剥削阶级的真实面目。夺权前以整个人类代表身份做出的种种美好的许诺,到头来都成了一纸谎言。应该指出,由于思想启蒙的彻底性,才促使西欧国家的社会结构文明、物质文明得以稳步、健康、迅速地发展。作为思想启蒙运动的彻底性的一个方面还应该提到宗教改革运动。宗教改革确立的新教理论,同世俗的人文主义思潮一样,渗透着资产阶级的人本主义和个人主义精神。因此,韦伯才竭力证明新教伦理对于近代西方资本主义发展的巨大作用。

(2)政治变革。新型社会结构的各种因素是在旧社会结构中产生的。这些新因素逐渐趋于成熟并构成潜在形式的新型社会结构。潜在的新型社会结构成为显形的新型社会结构一般都经过政治上的巨大变革。1640—1688年的英国资产阶级革命和1789年的法国大革命,使资产阶级正式登上了历史舞台。美国1776年的《独立宣言》和1787年的宪法,提供了民主宪政制度的基本原则。马克思在评价英法资产阶级革命时指出,它们不是社会中某一阶级对旧政治制度的胜利,它们宣告了欧洲新社会的政治制度。这两次革命不仅反映了它们发生的地区,即英法两国的要求,而且在更大的程度上反映了当时整个世界的要求,[①]这个要求,就是从传统社会向现代社会过渡的要求。登上政治舞台成为统治阶级的资产阶级,逐步建立起一整套新的社会政治制度和新的社会结构,使潜在的新型结构成为现实的东西。经过几百年的发展、完善,形成了现在西方这样的社会结构文明。它的主要特征是民选制、代议制、法制、权力相互制约、发达的社会中间组织及其对国家社会生活的积极参与,等等。正如马克斯·韦伯指出的,"由定期选举的议员组成的议会,以及由民众领袖和政党领袖充任向议员负责的部长组成的政府,更是我们特有的,事实上,国家本身,如果指的是一个拥有理性的成文宪法和理性制定的法律,并且有一个受理性的规章法律所约束、由训练有素的行政人员所管理的政府这样一种政治联合体而言,那么具备所有这些基本性质的国家就只是在西方才有,尽管用所有其他的方式也可以组成国家[②]。"

(3)经济飞跃发展。资本主义经济的大发展、西方社会物质文明的突飞猛进,是在资产阶级夺取政权之后。正如马克思、恩格斯1848年指出的,资产阶级在它的不到一百年的阶级统治中所创造的生产力,比过去

① 中共中央马克思恩格斯列宁斯大林著作编译局.马克思恩格斯选集(第1卷)[M].北京:人民出版社,1995:318.

② 中共中央马克思恩格斯列宁斯大林著作编译局.马克斯·韦伯.新教伦理与资本主义精神[M].北京:三联书店,1987:7.

一切时代创造的全部生产力还要多，还要大[①]。18世纪60年代在英国开始了工业革命，到19世纪40年代最终完成。19世纪西方主要资本主义国家相继完成了工业革命。工业革命使工厂代替了手工作坊，机器生产代替了手工技术，极大地促进了世界经济的增长。19世纪70年代开始的以电力应用为主要标志的第二次工作革命，使发电机、电动机、输电设备、电灯、电报、电话、无线电通信等一系列电器设备得到广泛应用，极大地促进了生产力的发展。20世纪随着物理学革命开始的原子能的成功运用，电子计算机技术、空间技术、生物技术的出现和实际应用，完成了以电子化、自动化为特征的第三次技术革命。新的科技革命使整个世界面貌发生了天翻地覆的改变，使生产力获得空前的大发展，使人们的物质生活得到有史以来最高程度的完善。原发式国家凭借高度发展的科技水平获得强大的综合国力。

7.2.2　后发式

后发式指以日本为代表的后实现现代化的资本主义国家的发展模式。其所以被称为后发式，是因为它们是现代化的后来者，在其发展过程中，有原发式国家作样板，人们对社会发展的未来结局有比较清楚的认识，对现代化过程中将出现的问题，有原发式国家的经验教训可资借鉴。正是这一后发的根本特点，决定了这一模式的一系列特征。

第一，从发展动力看，其动力根源在于社会外部，由于外在环境的逼迫和挑战，使社会的领导层有意识、有目的地推动社会向原发式国家学习，向现代化目标前进，推动社会发展的直接动力是调控整个社会的国家政治权力。例如，使日本现代化的两个重要阶段，即明治维新时期和盟军占领时期，改革都是由外在的动力推动的。明治维新之前，近代日本面临

① 中共中央马克思恩格斯列宁斯大林著作编译局．马克思恩格斯选集（第1卷）[M]．北京：人民出版社，1995：277．

的形势与中国相似，在外强武力威胁面前，国家有沦为殖民地的危险。正是在阶级矛盾、民族矛盾日益严重的情势下，日本开始了自上而下的改革运动，即明治维新运动。它成为日本由传统的封建社会向现代资本主义社会过渡的转折点。权力至高无上的天皇成为改革的直接推动者。1868年以明治天皇名义发布的《五条誓文》和《政体书》，标志明治维新的开始，政治上提出广兴会议，万机决于公论，取消社会等级制，废藩置县，模仿三权分立；经济上，振兴工商业，允许自由择业，土地自由买卖，鼓励贸易，统一汇兑，统一币制，取消关卡，建立统一大市场；文化上，普及教育，广开学堂，学习西方科技和文化。明治维新初期的改革，使日本走上独立发展资本主义的道路。经过30多年的对外掠夺和发展，到19世纪末20世纪初，日本的资本主义生产方式已经在日本经济中占了主导地位。日本真正实现现代化是在第二次世界大战之后。1945年盟军司令部指定的五项改革措施，即给妇女选举权，给劳工组织工会的权利，实行自由教育，废除专制政府，经济民主化，以及农村中彻底的土地改革等，使日本的社会结构和政治制度走上了现代化的道路。根据五项改革的指示，修改宪法，结束专制政治，废除贵族爵位，贵族院改为参议院，废除枢密院，颁布新宪法。依据新宪法，天皇不过是一个象征，地方实行自治，行政、立法、司法三权分立。由此可见，日本现代化的直接推动力，与原发式国家的内源式动力不同，乃是在外力推动下的改革过程。

第二，从发展特征看，后发式国家由于有原发式国家做榜样，可以实行跨越战略，所以现代化发展表现出快速、突进的特征。正如布莱克指出的，在后来建设现代化的社会中，这种挑战（即现代性的挑战，引者注），越发来自于外部，因而转变来得更迅速、更突然①。

日本在实行政治改革以后，从1955年起经济进入高速发展阶段，到20世纪70年代中期便成为仅次于美国的经济大国。这期间，学习原发

① 布莱克.现代化的动力[M].成都：四川人民出版社，1988：13.

式国家的先进科技和管理经验,合理有效地利用外资起了极其重要的作用。1955—1970 年间日本以 60 亿美元的支出,换回了全世界近半个世纪以来的几乎全部先进技术,使日本在 15 年内赶上了科技最发达的美国的水平,节约了 2/3 的时间和 9/10 的研究资金,充分发挥了后发优势。

第三,从发展程序看,后发式国家首先是以国家政权的力量,改革局部的社会政治结构,推动经济的发展。发展经济成为国家关注的核心问题。经济发展到起飞阶段后,才比较彻底地完成整个社会政治结构改革,从而促进经济的更大发展。在整个社会现代化的过程中,由于社会处于一种急剧变迁的过程中,社会存在的转变是剧烈的、突进的,所以在精神文明领域便造成传统观念与新观念并存和相互冲突的现象。传统观念中的消极东西相对滞留,不肯自动退出舞台,传统观念中的积极东西,也来不及寻找新的社会存在的载体,难以有效地发挥作用。新的社会存在要求的新观念,常常是由原发式社会传播进来的,一时难于在变动的社会存在中扎下根,而随着社会转型,由原发式社会传进来的消极精神垃圾,则可能乘机泛滥起来。由于日本的现代化进程,主要是依照原发式资本主义国家的模式改造传统社会,所以,它在文明的三个领域都明显地带着原发式资本主义现代化的特征。但是,由于整个社会的巨变是在外力和人为推动下短期内实现的,而非社会自发地长期协调演进的结果,所以虽然在物质文明领域日本已经成为第二经济大国,但在社会结构文明领域,却表现出相对滞后、欠稳定、欠协调的特点,尤其是在精神文明领域还保留着许多传统的非现代化的东西。即使一些新观念,例如竞争,日本人的理解也与美国或西方不同。西方强调个人竞争,日本强调团队竞争。日本政界高层人物接连不断的贪污受贿案、军国主义阴魂不散、武士道精神难以消除、家庭生活中的大男子主义盛行,等等,就是三种文明不协调的明证。

7.2.3 新发式

新发式指目前正在向现代化目标前进的第三世界国家的发展模式。由于既有原发式国家的现代化做例子，又有后发式国家实现现代化的经验教训可资借鉴，所以新发式国家向现代化过渡的措施是多种多样的。新发式就时间而言，当然也是后发的，所以它也具有后发优势。但由于历史条件的不同，它的发展又有一些不同于后发式的特征。这首先表现为发展道路、现代化措施的选择具有了更大的自由度。后发式国家，例如日本，在选择现代化道路、避免沦为殖民地时，只有一条道路可走，即采用原发式国家的道路。正如马克思、恩格斯指出的，“它迫使一切民族，如果它们不想灭亡的话，采用资产阶级的生产方式，它迫使它们在自己那里推行所谓的‘文明’，即变成资产者①。”当时，问题就是如此尖锐地摆在那里，或者是整个民族沦为资本主义的奴隶，或者自己成为资本主义国家，日本选择了后者。现在，由于近百年来的变化——新型的社会主义制度的创立和蓬勃发展、第二次世界大战后众多国家民族独立解放斗争的胜利，沉重打击了资本主义殖民体系，整个世界的政治格局发生了根本性的变化，由一二个或几个资本主义强国主宰世界命运的时代已经一去不复返了。世界政治格局的变化，为第三世界国家自由选择现代化道路奠定了政治基础。其次，由于世界经济发展一体化进程的加快，各国在经济上的相互依赖、相互联系进一步加深，当今的世界，已经不可能有哪个国家（无论其力量有多强大）可以割断与世界经济的联系而能保证自己民族的正常生存。这种经济格局为每一个国家从自己国家的实际国情出发，发挥自己的优势，利用一切可利用的机遇、条件，选择一条自己的道路，提供了可能性。最后，由于和平和发展成为当今世界的两大主流，世界范围

---

① 中共中央马克思恩格斯列宁斯大林著作编译局. 马克思恩格斯选集（第1卷）[M]. 北京：人民出版社，1995：276.

内的国家独立、民族平等的原则得到空前的普及和认同，以强凌弱、以大压小的资产阶级国际政治原则越来越行不通。不同民族文化上的交流和相互尊重愈来愈成为国家、民族之间交往的公认准则，这就为第三世界国家从本民族的文化传统和国情实际出发，建设既符合本民族的文化传统，又符合本国国情的现代化社会，提供了较宽松的国际环境。正是在这样的背景下，第三世界国家根据自己的认识和国情，采取了各自不同的发展道路。例如，巴西曾经采取大量引进外资、发展出口加工工业的路子，从1960 年到 1980 年间国民生产总值增加三倍，年均增长率为 10%。但后来便由于债台高筑、对国际市场依赖太强而陷入困境。近年来，智利经济发展很快，他们采取社会市场经济模式，使智利经济在 20 世纪 70 年代以年均 7% 的速度增长，20 世纪 80 年代末达到 10%，人均国民生产总值突破 2 000 美元，1990—1993 年增长速度为 6.3%，人均国民生产总值达到 3 000 美元。这些国家在现代化过程中积累了丰富宝贵的经验，但至今还未形成一种公认的有效成型模式。可以说，新发式是正在形成中的发展模式，民族性和多样性正是它的基本特性。

7.3　中外社会现代化发展的比较与借鉴

社会现代化是一个综合的、多层面的、动态的概念，是连续系列的社会演变过程，也是一种发展状态，包括社会经济技术和思想行为各个层面的同步变革与发展。社会现代化是带有普遍意义的全球性发展趋势，是世界各国经济发展和社会进步的必由之路。

7.3.1　中外社会现代化发展模式的异同

1. 中外社会现代化发展模式相同之处

（1）中外社会现代化都将科技发明广泛应用于生产领域，使社会生产力大大得到发展。英国和美国的工业化初期,瓦特发明的蒸汽机、史蒂文森发明的蒸汽机车、爱迪生发明的电灯、贝尔发明的电话、莫尔斯发明的电报技术等科技发明被广泛地应用于生产领域,大大地提高了生产效率,促进了社会生产力的发展,加快了工业化的进程。中国在开展工业化的过程中,也十分重视科学技术的发明和创造,如在 20 世纪 50 年代初,我国工程热物理学家吴仲华创立的三元流动通用理论,在叶轮机械的生产过程中发挥了十分重要的作用。

(2)中外社会现代化都实行对外开放的政策,大量引进外国先进的科学技术和设备。美国工业化初期,由于美英的特殊关系,美国从英国引进了大批现存的机器设备和先进的生产技术,从而极大地推动了本国工业的发展。如 19 世纪中叶,美国引进英国的卑斯麦炼钢法之后,其钢铁工业就得到了迅速的发展。日本在工业化的发展过程中,也确立了向西方国家学习先进技术的目标,向欧美派遣大批留学生,聘请外国专家来国内指导,大量引进西方的先进技术和生产设备,加速了本国工业化的历史进程。我国的工业化是在苏联的经济和技术援助下起步的。“一五”计划期间,我们通过引进苏联的先进生产技术和机器设备,聘请苏联专家来华进行技术指导,派遣大批留学生到苏联学习等方式,使我国的 156 个基本建设项目得以顺利完成,从而为我国的工业化奠定了雄厚的物质基础。中共十一届三中全会以后,正是对外开放的政策,为我国国民经济注入了强大的活力,使我国的社会生产力、综合国力大为增强,人民的生活水平明显提高,现代化事业也取得了辉煌的成就。

(3)现代化的发展都不是直线式的,而是波浪式的推进过程。从资本主义世界的现代化进程来看,其经济发展不是直线式地向前推进,而是波浪式地向前跳跃的。从 19 世纪中叶至 20 世纪初,是世界经济的繁荣时期,也是西方国家现代化发展的高峰期;此后,从第一次世界大战爆发至第二次世界大战结束,资本主义世界的经济便进入了萧条期;二战后,资本主义世界的经济又进入了一个新的繁荣期。

2. 中外社会现代化发展模式的不同之处

(1)社会现代化历史发展条件不同

中国社会现代化是在初级阶段的社会主义历史条件下起步的,而西方社会现代化是在资本主义的历史条件下起步的。所谓初级阶段的社会主义,不是泛指任何国家进入社会主义都要经历的起始阶段,而是特指我国在生产力落后、商品经济不发达的条件下建设社会主义必然要经历的阶段。在这一历史阶段,底子薄、人口多、耕地少的国情也必然会制约我国社会主义现代化建设的发展速度。

西方资本主义国家,无论是英、法、美,还是德、俄、日,都经历了资产阶级革命的历史阶段,先后开展了工业革命,因此,它们是在较高的基点上开始现代化建设的。此外,这些西方国家的社会现代化起步都比中国要早得多。从资产阶级取得统治地位算起,至今,英国已有 300 多年,美国、法国有 200 多年,德国有 170 多年,日本也有 140 年,而新中国成立至今才 60 余年的时间。

(2)社会现代化优先发展战略不同

中国的现代化是以优先发展农业为前提条件的,按农轻重的次序发展国民经济;而西方的现代化是以优先发展轻工业为前提条件的,按轻重农的次序发展国民经济。新中国成立初期,中国共产党将实现国家的工业化作为过渡时期总路线的内容之一,并确立了我国优先发展重工业的工业化道路。在当时的历史条件下,这一指导思想是正确的,它为我国工业化目标的实现创造了必不可少的条件。但由于重工业的建设周期过长,所需的人力、物力和财力较多,造成了国家的高积累率,挤占了农业、轻工业所需的人力、物力和财力,影响了人民生活水平的提高。同时,鉴于苏联工业化模式的弊端,毛泽东和中共中央开始探索中国式的工业化道路,确立了以农轻重的次序安排国民经济计划的路线。历史事实表明,按农轻重的次序发展国民经济是适合中国国情的。

英、美、日等西方资本主义国家则不同,它们完成工业化的过程,都是把轻纺工业放在首位,然后再发展冶金、铁路、机械制造等重工业,最后发展农业。这些西方国家之所以把优先发展轻纺工业放在首位,是因为轻纺工业投资少,资金周转期短,见效快。这在资本的原始积累过程中对工业生产的增长无疑起到了极大的刺激作用。

(3)社会现代化发展基础不同

中国的现代化是通过没收官僚资本、改革民族资本的方式为工业化奠定物质基础的,而西方的现代化是以资本原始积累的方式为工业化奠定物质基础的。新中国成立后,我们通过没收官僚资本,建立起了强大的国有经济,从而为新民主主义向社会主义的转变创造了物质前提条件。此后,通过对民族资本主义实行改造,实现了公私合营,这样,社会主义的国有经济在国民经济中更占据了主导地位,为社会主义工业化的开展奠定了物质基础。

而西方国家在工业化的过程中则是以资本原始积累的方式为其奠定物质基础的,它们进行资本原始积累大致有 3 个途径:对本国人民进行残酷的掠夺,如英国的圈地运动,就是将大批的农民赶出家园,使他们失去土地和财产,变成一无所有的无产者,从而完成资产阶级的资本原始积累过程;对弱小国家实行殖民政策,进行疯狂的掠夺和奴役,将别国的财富用武力的方式占为己有;通过战争赔款的方式获取,如两次鸦片战争,英国就向中国清政府索取了近 3 千万两白银的赔款。由此可见,西方资本主义的工业化是以资本原始积累为起点的,它们的现代化进程是以牺牲本国人民和其他国家人民的利益为前提条件的。

7.3.2 中外社会现代化发展模式经验借鉴

1. 借鉴国外社会现代化发展模式的原则

(1)全面、协调的社会现代化发展原则

发展中国家要修正效率优先的现代化思路,确立综合、协调的社会发展战略,以保证社会的长久协调发展。在后发国家的现代化进程中,要处理好经济发展与文化建设、经济发展与政治变迁、经济增长与生态保护、经济增长与人的发展以及生产与生活、贫与富等方面的关系。注意各个方面发展与变迁的平衡性与协调性,以防止因单纯强调经济增长所可能产生的贫富差距过大、社会公德沦丧、生态严重破坏和因过度集权所导致的对公众参与的剥夺及腐败等阻碍现代化深入的恶性后果,扫清现代化道路中可能出现和滋生的潜在隐患。

(2)可持续的社会现代化发展战略原则

发展应是一个长期的过程,每一发展阶段都要为下一发展阶段打下良好的基础,未来是现在的延续,今日是明日的基础。若是今日的高速度、高增长、高指标将成为明日的发展障碍,那么这个“高”就会大打折扣。因此,在后发国家的现代化进程中要处理好长期目标与短期目标、主观愿望与现实可能之间的关系,保证社会的可持续发展、资源的可持续利用、生态的可持续平衡。

(3)以人为本的社会现代化发展原则

人是社会发展的中心,现代化的最终目的是人在物质和精神方面的提升,促进人的全面发展和潜能的最大限度发挥。但发展中国家因集权政治对经济的过度干预以及所带来的大规模腐败和官僚政治,不仅剥夺了公众的参与权,而且使经济增长的好处流向了少数富裕阶层,并没有体现现代化的真正价值。以牺牲广大民众的尊严、公正、安全、利益而换来的经济增长不是真正意义上的发展。在资源稀缺、生态脆弱的后发现代化国家,以人为中心,充分发掘人的智力资源,开发人的无限潜能,为发展中国家解决现代化中的经济增长与有形资源稀缺及生态保护间的不平衡提供了可能。发展中国家的经济、科技和教育都比较落后,要后来居上,赶超世界先进水平,必须把科技的进步和人才的培养摆在战略地位。

(4)社会现代化的借鉴与创新相结合的原则

后起的发展中国家在经济现代化过程中如何坚持借鉴与创新相结合的原则呢?一是要正确认识和处理借鉴和创新的辩证关系,避免“一边倒”或“走极端”的错误倾向。既要学习和借鉴,又要防止照抄照搬;既要注重创新,又要防止不切实际和不符合一般规律。二是在借鉴上,不仅要借鉴发达国家的经验教训,而且要特别重视新兴工业化国家和地区实现工业化的经验教训。同时,后起的发展中国家之间,也要注重总结自身经验和教训,互相学习和借鉴。三是在创新上,要特别重视各自的特殊性和实际情况,一切从实际出发,实事求是。同时注意遵循后起发展中国家经济现代化的共有规律,特别是工业化与信息化结合、市场化与商品化结合等共有特征。

(5)政府政策导向与市场调节相结合的原则

这是后起发展中国家在经济现代化过程中正确处理政府与市场相互关系的基本原则。政府担当着策动和引导本国商品经济和市场经济发展、培育市场体系、完善市场法规等重要职能。因此,对于后起发展中国家而言,不仅是政府干预的问题,而且是政府主导的问题。政府主导作用的发挥不仅依靠计划手段,主要是依靠经济手段来发挥。依据发展体制原理,市场化是实现经济现代化的体制基础和必然选择。对于后起发展中国家,加快市场化进程和实施市场调节是必须遵循的基本准则。既要发挥政府主导作用,又要发挥市场调节作用,这是既对立又统一的辩证关系。

2. 国外现代化发展模式对我国的借鉴

世界各国在现代化建设中积累的经验和教训,对于正在推进现代化建设进程的中国而言具有极大的借鉴意义。

(1)选择适度均衡协调发展的现代化模式

现代化是一个综合的社会发展进程,涉及范围包括经济、社会、政治、文化的各个方面。从现代化发展趋势上看,现代化表达的是一个均衡增长的动态发展过程。首先,现代化是一个经济概念,就是新技术武装经济,即在经济活动中采用先进的技术,使经济水平不断实现在新的技术基础上的飞跃,提高社会生产力;其次,现代化也是一个政治概念,它要求建立和发展合理的政治体制和有效的治理体系，所谓“合理的”体制和体系包括多层含义，它可以包括体制和体系与经济、社会发展的协调性，也可以包括其能动性和有效性；再次，现代化还是一个文化概念，它体现在人们的社会价值观的变化和更新上，文化的现代化往往最突出地体现出变革的震撼性，同时也表现为传统对变化的抗拒性；最后，现代化也是一个社会变化概念，它意味着在经济的现代化进程中，社会结构组成和人们的社会生活也会发生变化，即走向现代化，而社会现代化是现代化持续的基础和结果。但是，中国作为发展中国家从布局和结构角度考虑，应选择适度均衡发展道路。原因包括：其一，中国不具备选择均衡发展的条件。当国家现代化水平很高或国家规模不太大时，选择均衡发展是比较合适的。中国是一个发展中大国，人口总数排世界第一，国土面积排世界第三，地区现代化水平不均衡是自然的，也是目前国力所不能改变的。其二，中国不适合选择不均衡发展道路。中国是一个多民族国家。地区差距过大，一方面会产生政治风险，另一方面会制约国民经济的健康持续发展。地区不均衡是客观存在的，如果国家选择不均衡发展道路，将不断扩大地区不均衡。其三，中国具备选择适度均衡发展模式的需求和条件。国家现代化目标的实现，要求各个地区现代化达到一定水平。中国政府是一个强势政府，中国经济已经有一定实力，可以支持适度均衡发展。

因此，中国选择现代化道路，一方面要保持现代化进程的可持续性，各个领域必须能够均衡协调的发展，任何方面的不协调、不均衡都会产生失衡，从而干扰，甚至阻碍整个现代化进程的发展；另一方面，也要从我国的实际出发，从国情出发，有阶段、按步骤地完成现代化的历史使命。

(2)确立科学的现代化发展战略

纵观世界各国发展道路，凡是现代化发展比较成功、少走弯路的国家，都无一例外地制定了适合本国国情的发展战略。同样，作为发展中国家的一员，中国要实现现代化发展目标，首要的就是确立科学的现代化发展战略。

第一,创新战略。没有创新就没有发展。在所有创新中,知识创新处于核心位置。知识创新指在世界上首次发现、发明、创造或应用某种新知识。没有知识的创新,就没有实质性的进步。国家创新系统是促进和执行创新的网络系统。制定创新政策、建设创新网络、培育创新文化、鼓励创新联盟、激励创新人才、提高创新效率、加速知识流动、建设知识基础设施、普及高等教育、发展知识产业、实现经济和生态协同发展、加强风险管理、实现可持续发展,是创新战略的核心内容。

第二,学习战略。没有学习就没有进步。通过学习,获取知识、吸收知识和交流知识,增加人力知识资本、物质知识资本、知识产权资本的存量和流量,提高知识传播和知识应用的能力和效率,是学习战略的核心内容。学习战略内容包括:发掘和利用世界上现有的知识,创造新的本土知识,强化国家创新体系;普及中等教育,支持终身教育、远程教育和高等教育;通过各种途径和信息技术,保证国民能够得到知识;加强信息基础设施建设,提供广泛的信息服务,逐步实现信息普及;促进经济发展和生态保护的协调,加强风险管理,实现可持续发展;整合社会力量,促进全面合作,参与国际竞争。

第三,跟进战略。创新与学习结合,知识创新与知识应用结合,强化国家创新体系,加强知识基础设施建设,普及高等教育,提高创新能力和效率,促进知识扩散和应用,促进经济发展和环境保护的协调,加强风险管理,实现可持续发展,是跟进战略的核心内容。有选择地创新、有选择地学习、学习性知识传播、创新性知识应用是跟进战略的基本思想。

第四,联合战略。在前三种战略基础上,与发达国家或地区建立各种形式的经济合作体,借用发达国家和地区的技术、知识和资本资源,加快发展步伐。联合的内容包括:地区经济和社会合作、创新和学习能力集成、创新系统和知识基础联网、知识传播和知识应用协同、发展经验和本地知识共享、地区市场协作开发、自然生态和经济发展相互协调、实现可持续发展等,目前的亚太经合组织就是这种联合战略实施的最佳体现。

(3)发挥国家政府在现代化中的干预作用

现代化先行国家在实现经济现代化过程中十分注重宏观政策的制定与政府的引导作用,强调财政、货币、计划、汇率等手段的运用。因此,在推进现代化建设中必须建立以经济手段为主的宏观调控体系,大力发展现代市场经济。政府应该考虑建立合理的绩效考核标准,在平衡国内生产总值与市场发展需求中转变政府角色,更好地发挥公共服务和公共管理职能。

第一,政府要优先发展教育和科技,培养国民的创新思维和创新能力。从我国来看,科技教育事业危机重重,表现为国产技术和国有知识产权与国际先进水平存在较大差距以及科教投入严重不足。国产技术在发展上的主要差距是由于缺乏可靠性和新技术投入,致使国货在国民心目中可信度下降。许多科技产品依靠引进、仿制,但质量较差。不少行业还出现了引进—落后—再引进—再落后的恶性循环。在国外技术和知识产权的冲击下,国产技术缺乏持续发展的投资,又导致民族产业的发展面临困境,严重制约了我国现代化的发展。因此,发展教育和科技,积极引进发达国家先进技术和设备,推动我国现代化进程,是我国政府的一项重要职责。

第二,约束社会经济活动中的政府行为,充分发挥市场机制的作用。发展中国家经济现代化进程告诫我们,当一国或一个地区经济完成了从小农经济向市场经济过渡时,政府对社会经济活动的控制就应由直接干预变为间接调节,充分发挥市场机制的作用,即发挥税收、价格、汇率、利率等经济杠杆的作用,实现社会资源的合理配置。否则,必然导致政企不分,生产效率低下,助长贪污腐败现象的滋生。

第三,转变经济增长方式。把单纯依靠增加投入来赢得增长的粗放型增长方式转向靠提高全要素生产率的集约型增长方式。经济增长方式的转变,将从根本上迫使企业苦练内功,眼睛向外,内强素质,外争市场,从而提高企业在国际市场的竞争力。

(4)发挥传统文化在实现我国现代化中的积极作用

第一,中国传统文化中有礼法并用的思想。东汉时就有“礼之所去,刑之所取,失礼则入刑,相为表里者也”的说法,《论语·为政》中就提出了“道之以德,齐之以礼,有耻且格”等观点。我们现在提倡的将以德治国与以法治国结合的政策与传统文化中礼法并用的思想是不谋而合的,这对于稳定社会秩序,调整市场交易规则,加快我国现代化步伐有着不可估量的作用。

第二,中国传统文化要求以人为本,从集体主义出发,以爱国为主旨,中国传统文化所要求的“仁、义、礼、智、信”等伦理观,在调节人际关系、社会关系以及政治、外交等各方面都有着不可估量的作用。中国传统文化所具有的凝聚力是任何一种文化难以比拟的,从其传统性中体现出某种具有现实意义的因素,这恰恰是在中国现代化进程中所需要的。

第三,中国传统文化中的优秀成分不仅熔铸在民族的生命力、创造力和凝聚力中,而且与国家强盛、民族振兴、人民幸福紧密相连,特别是优秀成分与中国先进文化相结合成为中华民族的灵魂,成为维系国家统一和民族团结的精神纽带。它也是增强综合国力的重要力量,也是全面建设社会主义现代化的重要内容。

(5)促进经济现代化中市场化与生产力现代化协调发展

经济发展的终极目标是社会福利普遍提高,公众普遍分享增长成果。处理好收入分配问题关系到劳动生产率的稳定提升与社会和谐发展,从根本上影响着经济稳定和可持续发展。拉美和东南亚一些国家由于分配制度不合理,贫富分化严重,社会矛盾尖锐,制约了其现代化进程,这是需要避免的深刻教训。因此,谋求现代化发展的政府要通过良好的制度设计不断调整、优化其体制、机制,减少收入分配不合理,促进发展成果的普遍分享,推动社会公平、和谐发展。

第一,要缩小中国市场化程度的区域差异,推动区域经济差距缩小。目前我国“二元”经济结构问题严重,城乡差距过大,中西部与东部差距扩大。而经济发展水平上的差异与区域市场化程度的差异紧密相关。目前我国中西部地区市场化程度为64%，低于东部地区的70%。今后要加快中西部地区市场化进程，尽快解决区域市场化程度差异较大的问题。

第二，适应生产力发展的要求，加快市场主体的市场化进程。企业是重要的市场主体。今后要加快政府职能的转变，实行政企分开，提高宏观调控能力；要加快国企产权改革和资产重组的步伐；要促进民营经济的发展。同时，还要加快要素市场的建立和完善。目前房地产市场、金融市场、技术市场的市场化程度较低，不利于工业化、信息化、国际化、社会化的发展。今后要加快要素市场化进程，提高我国商品市场的市场化水平。

第 8 章

关于全球化背景下的社会形态问题

8.1 全球化的矛盾

8.1.1 全球化的内涵及其发展

“全球化”一词源自 20 世纪 70 年代著名的“罗马俱乐部报告”——《增长的极限》和《人类处在转折点》,作者在书中提出人类不应仅从某一国或区域性的角度,而应以“地球村”的自觉成员的身份去关注全球问题。

关于全球化的概念,众说纷纭。罗伯特·考克斯认为,全球化指的是“生产的国际化、新的国际分工、移民从南方到北方以及加剧上述进程的竞争环境”。吉登斯认为,全球化是指“世界范围内社会关系的强化,这些关系以这样的一种方式将遥远的地方联系起来:一地方发生的事情受到千里之外的发生事情的塑造,反之亦然。地方性的变迁既是全球化的一部分,又是社会联系跨越时间和空间的延伸”①。王逸舟认为,全球化是指“以各种方式(政治的、经济的、文化的、军事的互动,信息的、物质

① 李晓东. 全球化与文化整合[M]. 长沙:湖南人民出版社,2003:3.

的、资金的、人员的流动)沟通世界各地的联系,增进各国各民族的了解,加强整体的意识和作用”[1]。俞可平认为,全球化不是单纯的一体化或同质化,它是一个合理的悖论:既是普遍化,又是特殊化;既是国际化,又是本土化;既是一体化,又是分散化。全球化首先是一个过程,但它不可避免地会引起政治和文化的变迁,从而或多或少成为一种政治和文化现象。经济全球化、政治多极化、文化多样化和信息网络化,将是 21 世纪的基本特征。

笔者认为,全球化是一个基于同质的生产方式之上的涵盖经济、政治、文化、社会等多领域的互动的过程及发展趋势。其中,以商品、劳务、资本、技术、信息、资源等的大规模跨国流动为主要内容的经济全球化是全球化最主要的表现形式。

全球化的发展经历了三个阶段:第一阶段是从 15 世纪到 19 世纪 70 年代。1492 年哥伦布远航美洲,发现新大陆,是经济全球化的源头。这个时期全球化主要表现为出现了“生产和消费都成为世界性”的全球化发展趋势。第二阶段是从 1792 年到 1880 年。这一阶段的特点是美国崛起并成为世界的中心。这个时期全球化主要表现为出现了以跨国公司为代表的经济力量对世界市场整合的推动,以及由于运输通信技术的革新,使得物质与技术的流动可以跨越空间的障碍,世界经济迈向体系化、制度化。第三阶段是从 20 世纪 70 年代至今。这一阶段以信息技术为主要标志的第三次科技革命大大加速了全球化进程,使全球化成为一种世界性潮流。这个时期全球化主要表现为传统的国际分工演变为世界性的分工,国际资本流动达到空前规模,金融全球化进程明显加快,跨国公司对世界经济的影响日益加深,国际经济组织的协调作用不断加强。

---

① 王逸舟. 关于全球化的几个问题[J]. 哲学动态,1994(6).

8.1.2 全球化多元政治与多元文化诉求的矛盾

全球化是世界经济发展的客观趋势,同时它也是一个复杂、多变的演化过程,充满了矛盾和冲突。其中,在全球化过程中,资本和劳动、单一经济效率和多元政治与多元文化诉求的矛盾是两对主要的矛盾。

1. 资本原则与劳动原则的矛盾

新古典理论认为,在规模报酬不变和完全竞争的假设条件下,劳动和资本这两种生产要素在生产过程中是处于同等地位的。在边际生产力分配理论中,各种不同要素的报酬之和等于总产品的价值。这就是说在新古典理论中,这种生产方式是公平且有效率的,不管是资本雇佣劳动还是劳动雇佣资本都是等价的。但在现实中,我们却发现几乎都是用资本来雇佣劳动的生产方式。新古典理论对此也有不少的解释,比如,认为资本相对于劳动具有稀缺性,在封建社会中,土地相对于劳动是稀缺的生产要素,因此,地主就掌握了生产方式的支配权;在资本主义社会中,资本是稀缺的要素,生产方式的支配权就转移到了资本所有者手中。更重要的是,由于现实经济中的信息不对称性,资本可以成为企业家能力的信号甄别机制,加上资本拥有经济过程的剩余索取的权利和承担经营风险的义务,而劳动必须依附于劳动者而不能成为抵押品,等等。这些因素就导致了在市场经济条件下,对各种生产要素进行有效激励的产权安排,就是让资本雇佣其他要素。全球化的最大好处是全球生产要素配置效率的提高,而这种要素配置效率的提高首先是通过资本要素收益的提高而体现出来的。现代经济理论可以证明,资本追逐利润最大化的过程,也是其他生产要素最优配置的过程。但是,全球化的资本行为,或者说资本原则的全球化,将导致局部地区劳动者利益的损失,造成资本原则与劳动原则相矛盾,这种矛盾主要是体现为经济上的不平等(贫富差距)。现代宏观经济学一般认为,有两种机制可能解释开放经济中的贸易和要素流动对各国的生产要素的相对价格、要素积累以及 GDP 增长的影响。一种是基于

HO模型的根据要素禀赋差异的比较优势学说(又称新古典学说),另一种是基于相对生产率差异考虑的新贸易理论。这两种机制可以用来解释全球化过程中由于各种要素流动而出现的国与国和国家内部的收入差距。新古典模型认为,贸易和要素流动所引起的各国人均资本比率的变化会使得发达国家的非熟练工人的工资下降,而使得发展中国家的非熟练工人的工资上升,发达国家的贫富差距继续扩大,但是发展中国家的贫富差距状况应该是有所改善的。另外,新古典理论还预测,国家之间初始的人均收入差距会引发大规模的资本流动。如果我们按资本占收入份额的1/3、穷国初始的人均收入占富国的0.8、资本边际报酬率是0.15来计算的话,从富国流向穷国的资本流量要占到穷国稳态中的GDP的108%。但新古典理论中有两个非常重要的假设,一个是规模报酬不变,另一个是国家之间的技术水平相同。很显然,这两个假定在现实世界中是不切合实际和难以成立的。尤其是发达国家在劳动和资本密集型产业中都拥有绝对的生产率优势,这种由相对生产率差异引起的贸易和要素流动的结果,就会出现"角点解",即所有的生产要素都会倾向于流向发达国家。这是由于自由贸易使得各国的有效劳动的工资相同,但由于发达国家的技术要远远领先于落后国家,使得发达国家的实际工资要远远高于落后国家,这时如果允许劳动力自由流动的话,落后国家的劳动力(一般是年轻的熟练工人,他们对自己能够适应发达国家的高生产率生产方式有一个良好的预期)会大量流向发达国家,同时为了保持人均资本比率的平衡,大量资本也从落后国家流到发达国家。当然,这一过程会受到资本市场的不完善、发达国家对移民数量的控制的制约。另外,由于土地和自然资源的不可流动性,使得土地价格作为阻碍因素留住相应的资本和劳动,以防止所有的生产要素都流向发达国家。另外,土地资源丰富的国家在一定程度上可以抵消由于生产率低下而引起的要素外流现象,反过来也可以吸引资本和劳动力的流入,这一点在第二次全球化过程中体现得更加明显,大量资本和劳动力从欧洲流向北美(主要是美国),因为当时北美的生产率是要低于欧洲各国的。

但不管哪种机制，它们的理论预测都表明：只要允许资本和劳动力自由流动，那么各国的人均收入水平是要趋于一致的。差异之处只在于，之前的理论都是假设所有国家的技术都是相同的，或者说他们认为跨国公司在国别之间的技术转移方面起到了非常大的作用。而现实中发达国家跟落后国家的技术是完全不在同一个层次上的，有相对生产率优势或者丰富土地和其他自然资源的国家将吸引到更多的资本和劳动力，但开放国家的资本收益率趋于一致，由于人力资本的不可流动性，使得各国的工资水平不一样。

因此，面对全球各地区工资的差异，由于资本的逐利性和劳动力的不可流动性，资本在全球范围内获得最优收益的要求使得某些地区的劳动力非充分利用或者劳动力面临工资下降的压力，进一步加大发达国家内部的收入差距。全球化对于发达国家来说，生产要素的配置尤其是资本要素的配置具有更大的效率，消费者面临更多的选择，并获得更大的利益，但同时发达国家在全球化过程中必须承受经济结构调整的痛苦，目前高收入国家从所有发展中国家的进口已经从1970年的低于15%增加到40%多，它们的份额预计在2030年将超过65%。这使得发达国家的普通劳动者面临着低工资国家的竞争，非技能劳动者因本国低端产业的移出而面临失业和收入下降的结果。对于发展中国家来说，通过全球化其产品可以进入发达国家的市场，可以获得发达国家的资本、技术、管理和知识，国内生产要素的配置可以更加合理和有效。但是，发展中国家同样面临收入差距不断扩大的结果，同时面临更大的外部经济周期的冲击和金融风险的冲击。实证研究表明，各国在向市场经济转轨的过程中，一般都会出现收入不平等的扩大趋势。比如，欧洲国家在工业革命之后的经济起飞是从“传统经济”向市场经济的转轨，苏联和东欧国家则是从“计划经济”向市场经济的转轨，虽然起点不同，但在转轨过程中都曾出现迅速扩大的收入不平等和严重的社会问题。这是应该引起我们警醒的，同时也可以进一步分析和借鉴韩国等新兴工业化国家和地区的做法和经验，在对外开放、发展经济的同时，保证社会和谐与稳定。

2007 年 2 月 24 日《文汇报》一篇发自巴黎的报道——《法国企业遭遇红利困境》的内容发人深省。2006 年是法国股民大收红利的一年，法国 CAC40 指数（法国上市公司中前 40 位最大企业）利润和红利大幅增长，增幅分别达到 9.5% 和 23.5%。法国股民将得到高达 316 亿欧元的现金分红。然而，法国经济专家同时指出，在企业利润和红利上升的背后是资本对劳动力施加的压力越来越大，不惜一切代价降低生产成本，其后果是严重的：一方面劳动力越来越不值钱，另一方面企业向低成本国家转移进一步恶化了法国的失业状况。更为甚者，在金融全球化的情况下，因为金融资产可以在全球进行高度流动，股民对投资企业的红利期望越来越高，如果红利达不到 15% 至 20%，一个国家的证券市场就会失去资金，企业就会融不到资本。同时，这种现象一旦出现，将进一步导致该国金融市场的萎靡不振，在全球金融高度竞争的背景下，导致金融服务业的萧条和失业的增加。因此，法国的案例说明：第一，从一个国家的内部来看，资本利益与劳动利益存在尖锐的矛盾；第二，全球化使得一个国家的资本所有者和劳动所有者的收入差距不断扩大；第三，在全球化背景下，发达国家企业高额利润的获得表明发展中国家的劳动力受到较大程度的剥削；第四，金融的全球化进一步强化了这种趋势。

卡尔·马克思曾经呼吁："全世界无产者联合起来！"但是，在以资本为主要推动力量的全球化背景之下，资产者得到了前所未有的联合，资产者与无产者之间、发达国家的劳动者和发展中国家的劳动者之间却存在一定的矛盾。全球化的必然趋势就是导致技术劳动力的回报与非技术劳动力的回报相比将以更快的速度增长，发达国家的劳动力回报比发展中国家增长更快。对世界各国来说，都需要有伴随着劳动力需求的快速变动和劳动力市场非自愿重构而进行成本调整的政策，工资波动性和不平等的加剧要求以保护工人而非保护工作为焦点的劳动力市场政策，强调保护低端工人的公共政策的重要性。“无产阶级只有解放全人类才能最后解放自己”这句名言，在新的历史背景下具有新的含义，即可能需要寻找新的全球范围的协调机制来实现。

2. 单一的经济效率原则与多元政治和文化诉求的矛盾

从经济角度来看，全球化的最大好处是经济效率的提高。在这里经济效率标准是单元的，是全世界都可以统一认识的，并可以测量和比较的。即便像前面提到的收入差距扩大的问题，如果我们有一个比较好的收入再分配机制，通过将全球化过程中的获利者的收入中的一部分转移到这个过程中的受损者的手里，如果整个经济还有剩余的话，可以证明全球化是可取的。但是，经济全球化必将带来政治的全球化、文化的全球化和生活方式的全球化，而政治、文化和生活方式必须是多元的，它们不像经济的效率标准那样可以单一地加以衡量和比较。第二次世界大战以来的这一次全球化基本上可以说是以美国为主导的：全球化推进过程中的某些公共产品是美国提供的，全球化的许多准则是在“美国共识”的基础上产生的，金融全球化是以美元为基础货币展开的，等等。因此，这一轮经济全球化无不打上美国的烙印、美国的意识形态、美国的政治标准、美国的文化以及美国消费主义至上的生活方式，并与美国的经济标准一起对其他意识形态、其他政治标准、其他文化和其他民族的生活方式具有侵略性。Suart Hall(1991)就曾说过，当今文化的全球化其实就是美国化，当代全球文化领域是“由视觉形象艺术、电视和电影、大众广告的形象和时尚形式所主宰”。例如，在全球大众品牌面前，许多流传多年的民族品牌消失得无踪无影；美国的快餐文化压倒一切，俘虏全球年轻人一代；美国的影视作品充斥欧洲、亚洲、南美洲和非洲的影视市场；生活中可口可乐等软饮料的广告到处可见；人们对互联网和英语的依赖达到前所未有的地步。经济效率可以有高低之分，但意识形态、政治、文化和生活方式很难有优劣之分。自然之美，在于生物的多样性；人类社会之美，在于民族和文化的多元性。政治利益从来都是多元的，有时是矛盾的，甚至是针锋相对的,历来没有统一的说法。西方的“议会”(Parliament)一词就是来自拉丁语中的“说话的场所”,政治需要辩论,需要倾听多方的意见,而且在无法统一意见的情况下只能少数服从多数。如果哪一天在经济效率的追求之下,全球化消灭了人类文化的多元、生活方式的多元,使各民族不能和谐相处,将是一件十分不幸的事情。正是出于对全球化这一可能后果的不安和反思,一个不同于“美国模式”的“欧洲模式”似乎正在慢慢地形成。所谓欧洲模式,就是要对人类无限制的物质生产和消费、对资源的消耗和环境的破坏进行节制,保持民族和文化的多元性,更多地从精神层面而不是从物质层面去提高生活的享受度和满足度。由此可见,全球化背景下的单一经济效率标准与多元政治、文化和生活方式的矛盾,是当今世界发展过程中基本矛盾的又一表现。

因此,“全球化”已经成为当今世界讨论的最大主题。全球化经济的强大加剧了很多国家之间的不平等。面对全球化的挑战,应当准确把握第三次全球化给我们带来的福祉和隐患,通过揭示全球化过程中的资本和劳动、单一经济效率和多元政治与多元文化诉求的矛盾,从而深刻理解全球化给我们带来的“得”与“失”,从全球视角去寻找出一种协调机制,在享受全球化带给世界的巨大效率提升和财富增长的同时,通过政策选择,更有效地利用市场体制,实现经济增长与社会发展的同步,更妥善地解决国与国之间和各国内部造成的不平等程度上升的问题以及各种政治体制、文化模式的冲突和融合的问题,从而使所有国家特别是发展中国家能够更有效、更和谐地参与到全球化的进程中去。

8.2 全球化背景下的民族国家

8.2.1 民族国家的内涵

何谓民族国家？现代意义上的国家基本上是民族国家或多民族国家。民族国家是一个动态的历史的概念，其作为一种历史现象是在近代才出现的。近代资本主义的发展是早期民族国家诞生的催化剂。最早建立起资产阶级统治的英、美、法等国就是人类历史上第一批近代民族国家。赫尔德认为，民族国家“在一个划定界限的区域内享有最高管理权，由暴力垄断来支持，并且作为国民对国家最低限度的支持或效忠的结果，这种政治机器享有合法性”①。吉登斯认为，“民族国家存在于由其他民族国家所组成的联合体之中，它是统治的一系列制度模式，它对业已划定边界的领土实施行政垄断，它的统治靠法律以及对内外暴力工具的直接控制而得以维护。②”

本书认为，所谓民族国家指的是那种相对于前资本主义社会的教权国家、诸侯国家和封建专制国家而言的，建立在新兴的、统一的、以国家为标志和认同核心的民族（即国族）基础上的主权国家。民族国家在国家政府、法律和议会等方面具有独立的机制和体系，在领土、外事和国际关系等方面具有独立的身份和权力。民族国家有两层含义：一是侧重民族的含义，即指称为“人民”的一个群体，也就是某个通常以种族定义的文化实体；二是侧重国家的含义，即指一套制度，公共权威通过这些制度而

---

① ［英］戴维·迪尔凯姆·赫尔德. 全球大变革——全球化时代的政治经济与文化［M］. 杨雪冬，译. 北京：社会科学文献出版社，2001：62.

② ［英］安东尼·吉登斯. 民族、国家与暴力［M］. 北京：三联书店，1998：32.

得以在某个特定领土内实施。民族国家的基本特征主要是国家主权的独立性、国家领土的统一性、国家权力的世俗性、国家民族的单一性、民族主义政治文化的形成、统一的民族市场。

以上关于民族国家的界定是针对传统意义上的民族国家的,全球化背景下的民族国家的内涵将发生新的变化。赫尔德认为,在全球化浪潮的影响下,全球化与现代民族国家的关系可以表现为五个方面的分离:一是民族自决的观念不再仅仅局限在民族国家的边界内。二是人们不再把有效整治权力的核心等同于国家政府或民族国家;民族国家和国家政府都被限制在由区域或全球范围内的政治权力所形成的复杂网络中。三是虽然许多国家的权力是高度集中的,但它们经常体现和包含在不断变化的新政治权威形式中。四是公共物品的建构和强化越来越要求协调的多边行动。五是国内事务与外交事务、国际政治问题与国外问题的区别已不再被明确划分。

当今世界,全球化对人类社会的影响日益突出。在全球化的全方位冲击中,首当其冲的就是民族国家。民族国家既是全球化的产物,又是全球化进程的最大推动者。但是,随着全球化的进一步发展,两者的矛盾也越来越突出。全球化背景下民族国家是否已经"过时""终结"和"消亡"已成为国内外学术界关注的焦点问题之一。有人认为全球化背景下民族国家已经"过时""终结"和"消亡",这种观点在西方世界被很多人认同;有人站在与上述观点相对立的立场上,借口对民族国家主权的捍卫而拒绝接纳全球化;也有人认为,能不能说民族国家在今天"过时""终结"和"消亡"是一个比较复杂的问题,况且全球化的实践还有待于进一步展开,不易过早地对其未来下结论;还有人认为,全球化本身是一把双刃剑,对其给民族国家带来的影响和冲击,要用辩证的观点去审视。本书的观点是,全球化背景下民族国家并没有"过时""终结"和"消亡",对民族国家来说,全球化是一柄双刃剑,既给它带来发展的机遇,又向它提出了严峻的挑战。

8.2.2 全球化对民族国家的影响

1. 全球化为民族国家的产生与发展提供了机遇

首先,民族国家既伴随全球化而生,又推动着世界全球化的进程。如果将全球化的发生与资本主义的产生相联系,那么民族国家则是全球化的产物,"民族-国家体系是通过全球信息交换网络、世界资本主义经济以及世界军事秩序的协调而建立起来的"①。原生型民族国家(即西欧在中世纪后期的政治浪潮中经过争取民族独立、反对封建专制的长期过程最早形成的主权国家)主权的确立就是以民族国家之间的相互承认的这种形式的全球化为前提。"任何个别国家恰好不是产生于自己的主权,而是产生于所有其他国家对领土国家的世界秩序的确认以及在此范围内对该国家的承认,也就是说,……领土国家原则的全球化是该原则产生效力的前提"②。领土国家原则由欧洲向世界的扩展导致了民族国家体系发展到全世界。资本主义因"不断扩大销路的需要,驱使资产阶级奔走于全球各地。它必须到处落户,到处开发,到处建立联系。资产阶级由于开拓了世界市场,使一切国家的生产和消费都成为世界性的了"③。资本主义在全球扩张的过程中,不仅打破了东方社会的传统国家体系,建立了众多的殖民地,导致了殖民主义与反殖民主义的长期斗争,还引发了资本主义国家之间的殖民纷争,借助于资本主义在殖民纷争中,特别是两次世界大战中力量的削弱以及民族主义力量的加强,广大殖民地国家纷纷摆脱了外国的殖民统治,取得了民族国家的独立,并确立了自己在世界政治经济秩序之中的地位。"第一次世界大战和第二次世界大战的一个主要差别在于欧洲殖民地的结局。""第一次世界大战后,欧洲因获得作为托

---

① 安东尼·吉登斯. 民族、国家与暴力[M]. 北京:北京三联书店,1998.

② 乌·贝克·哈贝马斯. 全球化与政治[M]. 北京:中央编译局出版社,2000.

③ 中共中央马克思恩格斯列宁斯大林著作编译局. 马克思恩格斯选集(第1卷)[M]. 北京:人民出版社,1995.

管地的阿拉伯地区而扩大了它的殖民地范围。相反,第二次世界大战之后,不可阻挡的革命浪潮席卷殖民地帝国,极其迅速地结束了欧洲的统治。”而且亚洲和非洲的大批国家纷纷独立,取得了民族国家的地位,“亚洲所有殖民地都在战后 10 年内成为独立国家”,“非洲所有殖民地都在战后 20 年内成为独立国家”①。其次,全球化为民族国家发展经济提供物质条件和技术基础。一个国家的经济运行总要受到本国资源和市场的限制,寻求国际资源和国际市场是现代国家的一项重要职责。世界资源分布不均及资源效益差异固然会引起资源流动,但只有在全球化条件下才能实现资源的合理流动和优化配置,以全球互联网络为载体的市场交易方式将使交易成本大幅度降低,促进资源和生产要素在世界范围内的优化配置。国际分工和国际合作的深化为民族国家利用本国的产业优势积极参与国际竞争、谋求最大限度的世界份额搭建平台。货币、金融、技术、劳务、信息等要素市场的不断国际化可以使民族国家弥补本国资本、技术等生产要素的不足,实现产业升级、技术进步、制度创新和经济发展,利用后发优势赶超工业化国家。最后,罗伯逊指出,“全球化既是指世界的压缩,又是指对世界作为一个整体的意识的增强”②。虽然全球化并不意味着世界已经实现政治上的统一、经济上的一体、文化上的同质,但它的确增强了人类的整体意识,使人们用“人类是一个整体”的观念来看待每个地方、每个民族和每个国家,强化了组成世界共同体的国家与社会之间的相互作用、横向联系、相互依赖,使不同的文明体系在价值取向、生活方式和行为方式上存在某种趋同趋势。面对能给人类带来文明前景的以自由、平等为核心内容的民主价值,不同国家都表达了认同和肯定,民主政治成为世界各国的共同追求;国际性标准和国际性规范被越来越多的

① 斯塔夫里阿诺斯. 全球通史——1500 年以后的世界[M]. 上海:上海社会科学院出版社,1999.

② 丰子义,杨学功. 马克思“世界历史”理论与全球化[M]. 北京:人民出版社,2002.

国家接纳和遵守,"与国际接轨"成为许多民族国家的共同口号;在不同国家表达着对生态环境、资源能源、核威胁、国际恐怖主义等危及人类生存和发展的全球性重大问题的关切,而单个国家显示出对处理这类问题的能力不足时,跨国界的合作成为一种思路和途径。

2.全球化对民族国家提出严峻的挑战

首先,全球化要求民族国家拥有驾驭本国经济发展的超常能力。全球化首先是建立在生产、产品、市场、资本、技术配置的全球一体化基础上的经济全球化。经济全球化的实质是市场自由化,它强调市场的力量,主张解除对经济活动的种种限制,反对国家对经济的干预,由市场来调节社会的生产和资源配置,从而使国家不得不放弃一部分管理权力;同时经济全球化把世界各国的经济发展纳入国际经济秩序,融入世界经济一体化的过程,因此作为国际经济体系中的一员,每个国家必须遵守国际市场的秩序与规则,在制定和执行政策时不得不顾及到国际法规、协议和外部条件。为争取和捍卫自身的经济利益,民族国家必须积极参加国际性的经济组织,参与世界经济规则的制定,通过制定公正、合理的规则,以确保民族国家让渡的经济主权取得相应的国家利益;更要从税收、法律、货币、金融等渠道入手,保护和扶植民族经济的发展,积极参与国际分工,为本国争得最大限度的市场份额;面对随经济全球化而来的危及民族国家经济安全的因素,如经济渗透、经济封锁、禁运、经济制裁、经济间谍战、贸易战、关税战、附有条件的经济援助、运用"金钱政治"影响他国政策之制定等,民族国家必须严加防范,确保国家经济安全。跨国公司作为国际经济"全球化"的主要驱动力,作为全球经济流动的创造者和操纵者,受经济效益规律支配。它奉行全球经营战略,在全球范围内展开竞争,追求市场最大化;跨越国界组织生产,在全球范围内配置各种资源。在跨国公司通过为一国注入资金、技术,提供就业岗位和先进的管理经验,提高员工的素质等方式在一定程度上推动该国经济发展的同时,跨国公司注重经济效益和价值规律、无视国家界限的经营理念和经营方式会给一国的经济带来隐患。这种隐患的主要表现包括:一是民族国家对各种经济活动的区位选择失去控制。二是民族国家国民经济中的微观主体企业与国家休戚与共的关系瓦解,国家为避免跨国公司挪厂搬家后所带来的经济震荡和社会问题,必须花费巨大的财力来弥补跨国公司撤资后留下的沟壑。三是跨国公司的分散整合战略致使一些国家的经济依附于跨国公司的发展,导致这些国家的经济结构呈现单一化和畸形化,部分产业甚至整个国家的经济命脉被跨国公司所控制,影响国家经济的健康发展。为此,民族国家必须根据本国的国情选择符合本国根本利益的发展道路和发展方式,制订周密的国家社会经济发展规划和利用外资的战略策略,根据民族经济的实际竞争能力,合理确定对外开放的领域和程度;民族国家在通过创造良好的环境来吸引、配合和支持跨国公司发展的同时,更要用法律法规规范跨国公司的行为,引导它们的战略目标与民族国家趋于一致,实现跨国公司与民族国家发展的非零和博弈。金融全球化是全球化的一个重要组成部分,是指“分散的民族国家的金融活动超越国界及货币差异直至在一定程度上超越国家管制,形成整体运动状态的过程”。近年来全球经济体制中一个最具潜力的不稳定因素就是国际金融的发展规模及其影响的戏剧性拓展。借助制度创新和现代技术,特别是计算机技术和电信业的发展,形成了金融市场的国际化网络,金融国际化的规模不断扩大,货币在世界经济中的职能也发生了重大变化,“赌博性”极强的短期套利成为主要市场业务,从而促进了短期投资,加快了资本流动。在自由经济体制下,运动中的资本摆脱了一国税务机构的干预,在国际交易所的压力下,一国政府可能处于局外人的地位。金融领域的任何风吹草动都会影响世界经济的走势,金融市场的任何变化只要被投资者察觉,马上就会引起一种货币到其他币种的快速转移,并导致金融市场的动荡,危及弱国经济,波及大国或强国经济。全球金融市场的扩张以及资金在一国的快速、大量的进出使得民族国家经济与全球经济融合的速度在加快,这种变化的后果之一是国家越来越发现自己易受全球其他国家和投资者决定的影响。因此,在经济全球化过程中,民族国家必须健全金融体系,建立防范机制,提高对金融风险的预警能力,同时加强国家之间宏观经济政策的协调,加强各国之间金融的合作和监管。其次,全球化要求民族国家拥有维护国家主权、保障国家安全的强大力量。主权是民族国家的基础和最重要的构成要素,各国根据本国国情,独立自主选择适合本国的政治、经济、社会制度和发展道路,根据自己的意愿,自由处理对内对外事务是国家主权的象征。但随着全球化的发展和非国家行为体在数量、活动领域和作用三方面迅速增长,民族国家及其主权越来越广泛、越来越深入地遭受到来自"超国家或'准'超国家行为体从上边""跨国行为体从旁边"和"亚国家行为体从下边"的侵蚀和削弱。全球化导致了国际组织的空前发展,国际组织在国际关系和国际事务中发挥重要作用的同时,又将触角延伸至民族国家内部,在多方面行使政府性管理职能,其活动范围已扩展到裁军、地区冲突、民族纠纷甚至国家政治民主化等众多领域,通过提供公益来规范限制其成员国政府的行为,制约和影响主权国家的决策过程,而且国际组织的职权有扩大的趋势,从而从"上边"使民族国家的主权受到不同程度的削弱。跨国非政府组织(包括跨国公司)所从事的大量经济、技术、社会、文化、宗教、意识形态等类活动不仅跨越国界,而且有许多是国家主权难以或无法控制的。这些交往出自民族国家不能、往往也不愿满足的多种多样跨国价值的需求,其结果是凝聚为由非政府组织体现出的多种多样的跨国体制化安排,而这样的安排代表着有关问题和功能领域虽然不是反对各国政府,但有将其取而代之的意味。由各类非国家行为体的"运作"而从"旁边"损失的不仅是民族国家相当一部分权能,而且是相当一部分威望或权威,连同个人在有关方面和有关场合对它的传统忠诚或崇敬。"亚国家行为体从下边"对民族国家的侵蚀和削弱表现在三个方面:一是在全球性经济交往中,一国国内地方或地区性的经济群落同其他国家国内同类的群落之间经常地发展出制度化的联系,这些跨国联系存在于有关国家之间的国际联系之外,在许多经济问题和相关的法律及社会问题上表达出功能性的局部独立或者政治独立要求，侵蚀和限制着它们各自所在国家的传统主权。二是在国家内部，伴随跨国经济交往和互相依赖的迅速增长，具有重要外在联系的经济利益集团愈益多样化，与国家政策相悖的利益集团行为常态化，使得统一的国家经济利益概念、甚而单一的国家人格概念经常地同现实抵触，导致国家对外经济政策的制定和维持变得更困难。三是民族分离主义对民族国家及其主权的冲击自冷战结束以来变得特别普遍和引人注目，甚至出现民族主义打碎国家的局面。面对国家主权遭受侵蚀、国家安全受到威胁，民族国家必须推动世界多极化趋势和营造国际政治经济新秩序。以不断强化多极化来有力遏止霸权主义，以国家间的相互牵制来制约大国根据自己的权力和利益需求损害他国主权的恣意行为，营造公正、合理的国际新秩序，为民族国家摆脱外部势力对本国的主权威胁、提升维护国家主权的能力创造条件。同时民族国家必须根据全球化的发展变化要求，通过合理的国内社会制度和安全机制来保障国家主权和国家安全，以强制性的制度从根本上规范社会全体成员的行为，激励、约束和规范整个国家从宏观到微观，从政治、经济到社会、文化的所有范畴内的所有行为。最后，全球化要求民族国家拥有主导本国文化发展的灵活技巧。全球化进程主要是发达国家引导和推动的，西方国家对全球化的主导在文化上表现为文化帝国主义。发达国家凭借雄厚的经济实力和科技优势，通过文化交流中的不平等（主要表现为交往规则的他在性和因经济实力的巨大差别而导致的文化上的话语霸权）、文化产业输出中的霸权、消费主义和日益膨胀的后现代文化对民族国家认同和民族文化的消解等途径和手段，特别是利用网络技术方面的强大优势和传媒的强大攻势，向其他国家倾销自己的社会制度、价值观念、意识形态和社会文化，以自己的文化价值标准来融合全球文化，使各国按照它们的标准进行改造，以使整个世界最终纳入资本主义的轨道。这在一定程度上使不同类型的政治文化及一国国民的政治认同机制、价值取向、思维方式等发生了深刻的变化，从而冲击着民族国家在这些领域里的控制力。同时由于通信、传媒和交通技术的发展,互联网的虚拟性和隐秘性,也由于社会流动性的增长和公共事务参与范围的扩大,世界多数地方的多数人(特别是城市居民)比他们的先辈有更多的知识和见识、更强的比较分析能力以及更显著的自主性,因而个人和团体在不同程度上可以突破国家监控,在任何时间和空间随意地发布信息,参与各种政治、经济和文化活动,因而其行为很容易超越传统国家的界限,这就给国家的有效控制带来了难度。思想稳定是社会稳定的前提,文化安全是维系国家安全的支撑点之一。面对全球化带来的与本国文化价值观相冲突的文化意识形态,民族国家要维护自己意识形态的主体性地位,并利用现代科技提供的平台使之占领思想文化阵地,抵制各种异质文化意识形态的侵蚀,确保政权的巩固、国家的安全和社会的稳定。同时继承和发扬本民族的优秀文化传统,善于借鉴和吸收其他民族和国家的先进文化成果,在此基础上推陈出新、开拓创新。

总之,在全球化背景下,机遇和挑战并存,各国要加强国家自主性建设, 应对各种挑战,更好地参与全球化进程。

8.3 全球化背景下的文明与文化

8.3.1 关于文明与文化的关系

文明作为一种社会文化现象,并不是纯粹自然演进的,而是受各种社会因素制约的,并且文明发展程度和全球化的发展程度是一致的。文明的发展固然依赖于经济、政治的发展,没有这样的基础和条件,文明难以出现,即使出现也难以持续发展,但是,文明的发展又有其自身的规律,即跨文化交流对文明发展起着非常重要的作用。人类文明从远古时期各文化发源地狭小、封闭和分散的状态,到古代几大文明中心的形成,再到中世纪较大规模的几大文明圈的发展，直到近代以来各大文明连为一体，就是通过各个国家、民族之间日益增强的交流和交往而实现的。在文明发展的不同时期，交流的方式和手段是不一样的。人类社会最初的交流主要是通过军事手段来进行的，如战争、征服等对文明的冲击和发展的影响；而后主要是通过经济手段来推进的，如经济往来、商业贸易所带来的文明传播和扩散；接下来主要是通过文化手段来推行的，如各民族文化的广泛传播与交流对世界文明的重要贡献。全球化既是一个交流和交往不断扩展的过程，又是一个各种文明的共通性不断增强的过程，同时也是一个文明共享的过程。全球化之所以能够导致文明的快速发展，原因就在于它使文明的发展机制实现了重大变革，其发展机制主要是通过下述方式来实现的：

1. 挑战和应战的方式

按照汤因比的观点，世界不同文明有其兴衰的过程，文明的发展是在挑战和应战中实现的。各种文明的兴起是对挑战的回应，在其发展过程中，富于创造性的民族敢于面对挑战，创造和确立新的文明形态，由此推动文明的发展。虽然汤因比最终没有摆脱历史循环论，但他所指出的这种文明发展情况确实是存在的，是值得重视的。如果说在传统社会，挑战、应战的情形还是偶然的，那么，在现代社会，特别是在全球化条件下，这种情形则日趋明显并更具普遍性。由于各个国家、民族的联系日益紧密，一旦产生某种文明冲突，便会形成挑战、应战的态势，促使受挑战方做出相应的回应，进而改变和调整原有的文明格局，形成新的发展模式。如 19 世纪上半叶以来，中国先后受到外国侵略者的多次入侵，逐渐沦为半殖民地半封建社会。正是这样的挑战和刺激，促使中国人开始关注西方的科学技术和文化，注意学习和引入西方的文明成果，实现东西方文明的融合。同样，也正是 19 世纪末中国在甲午战争中的失败，大大加深了中国的半殖民地化和民族危机，导致“戊戌维新”的出现，开始了资产阶级的改良变法。没有这样的外来挑战、刺激，中国近代的文化发展不会形成那样的起伏与变动。当然,同样是面对挑战,各个国家做出的反应是不一样的,由此带来的后果也是不同的,这就形成了发展的差异。不管怎样,挑战、应战构成了全球文明发展的一大动力。

2. 学习交流的方式

如果说挑战、应战是一种"被动式"的话,那么学习交流则是一种"主动式"。全球化为不同文化间学习和交流提供了新的平台和机遇,每个国家、民族可以在不同文化交流中获取新的元素、新的动力,从而使自己的文化更为丰富多彩、充满生机。早在1922年,英国哲学家罗素在《中西文明比较》中就曾指出:"不同文化之间的交流过去已经多次证明是人类文明发展的里程碑。希腊学习埃及,罗马借鉴希腊,阿拉伯参照罗马帝国,中世纪的欧洲又模仿阿拉伯,而文艺复兴时期的欧洲则仿效拜占庭帝国……"[①]。正是在这种学习、交流过程中,不同的文化才能够从中不断吸取新的营养,获得新的活力。对于这一点,一些学者也从人类学的角度加以论证。如斯塔夫阿诺斯就认为:"人类的历史证明,文化进步的程度取决于一个社会集团所能获得的向其邻居们学习经验的机会的多寡……文化最低级的部落,总体来说,正是那些长期与外界隔绝的部落,由于与世隔绝,它们便不能从其邻居们的文化成就中获益"[②]。事实正是这样,在其他条件大致相同的情况下,一种文明的进步很大程度上取决于与其他文明的交流状况及对先进文化的学习、吸收状况。西方文明之所以后来居上,与其善于吸收其他文明的精华和开放的社会性质直接相关。

3. 碰撞融合的方式

在特定的历史环境中,由于各种内外因素的作用,多种形式的文化同时汇聚于一个国家、民族中,相互碰撞、影响,最后融合成为一种独特的文

① 罗素. 中国的问题[M]. 重庆:重庆出版社,1987:35.

② [美]斯塔夫里阿诺斯. 全球通史——1500年以后的世界[M]. 吴象婴,梁赤民,译. 上海:上海社会科学出版社,1999:6-7.

明发展模式,如拉美文化就是如此。从 16 世纪初到 19 世纪初,西欧一些国家借助殖民扩张,最早将欧洲的基督教文化传输到美洲。殖民者破坏了印第安文明的正常发展,将其强行纳入一种新的文明框架下。于是,拉美文化便形成了这样三种主要成分,即从 16 世纪初开始移植过来的欧洲基督教文化、残存的美洲土著文化和伴随奴隶制而来的非洲黑人文化。这些不同文化汇聚在一起,经过碰撞和较量之后,逐渐趋于妥协、调和与适应,最后融合成为一种新的文化,即所谓的"杂交型文化"。"在过去的好几个世纪中,这些文化之间从第一次接触起便建立了一种对话,实际上正如现在所说的是一种'两个世界的遭遇'。这种对话过去和现在都不是心平气和或彼此容忍的,但仍不失为一种对话,导致了一个文化适应过程,从而形成了现在的拉丁美洲文化。"由于拉美文化是一个异质而又统一的复合体,因而具有明显的开放性和包容性特点。

研究文明,自然涉及文化。关于文明与文化的关系,不同的学科往往有不同的理解。在人类学、民族学研究中,二者没有多少区别,基本上是被作为同义词来使用的;而在文化学、哲学等学科的研究中,则有明显差别,并在理解上歧义较大。一般说来,文化与自然相对应,而文明则与野蛮相对应。既然与野蛮相对应,那么文明就有了"进步"的内涵,或者说,文明就意味着进步,一部人类文明史就是一部社会进步史。尽管人类文明的发展是曲折和复杂的,但总体趋势是趋向进步的。之所以如此,就在于人类的文明具有累积的特点。每一代人都在继承前代人文明成果的基础上又增加了新的内容,因而后代人所创造的文明水平往往高于前代人。在人类历史中,文明就是借助人们的不断创造而向前推进的,进而形成不同于以往的新的文明形态。承认人类文明的累积性特点,必然会合乎逻辑地肯定文明与社会发展在总的方向上是进步的。文明的发展状况是历史进步的重要标志。马克思就是从进步的观点来看待文明及其发展的。按照马克思的观点,现代社会和传统社会就体现着文明与愚昧落后的区别,或现代文明与古老文明的区别。如对近代以来西方社会与亚细亚社会尤其是印度社会的比较就清楚地反映了这一点。在《不列颠在印度的统治》等文中,马克思一方面深刻揭露和批判了英国侵略者的野蛮行径,另一方面又通过对印度社会的分析深刻阐明了关于文明的立场。

文明无疑是一种进步,但进步并不是一个轻松愉快的发展过程,而是一个充满矛盾的发展过程。文明就是在矛盾、冲突中进行的。在今天全球化的条件下,文明的矛盾与对抗虽然在形式和内容上与以往相比发生了较大变化,但其问题依然是存在的。撇开政治、经济领域的问题不谈,单就文化或文明本身而言,其发展过程中直接凸显的矛盾与问题也是引人注目的。

首先是文明的冲突。在全球化时代,文明和文化既是统一的力量,又是分裂的力量。不同的文明在其相互碰撞过程中,既会形成交流、交融,又会形成交锋乃至冲突。这样的冲突不仅影响到文明的发展,同时也影响到社会的发展以至整个国际关系的发展。对此,不少西方学者都给予了高度关注。像美国学者亨廷顿就是“文明冲突论”的最早提出者和阐发者,他将文化看作是冷战后各个国家、民族冲突的主要根源,认为“文明的冲突”将主宰全球的政治、经济格局,并认为儒家文明与伊斯兰文明有可能联合起来,向西方文明挑战。另一位美国学者约瑟夫·奈也认为,在当今世界,倘若一个国家的文化处于中心地位,别国就会自动地向它靠拢;倘若一个国家的价值观支配了国际政治秩序,它就必然在国际社会中处于领导地位。不管这些看法的用意如何,所指出的文明冲突这一事实确实是值得我们警觉和重视的。一方面,对于文明冲突应当给以合理的看待。每个国家的文化都有自己的特点,产生一定的差异和冲突是自然的。在文化发展上,不要过分讳言冲突、竞争。在文化领域,没有差异,没有一定程度的冲突与竞争,也就没有了生机活力,当然也就没有了人类的文明进步。就以中国的传统文化来说,离开了儒、释、道的相互碰撞与冲突,其发展的状况是不可思议的。另一方面,对于文明冲突的现状又不能掉以轻心。西方发达国家凭借其经济、技术优势,将自己的价值观、文化强行地向发展中国家推行，使得发展中国家的传统文化面临威胁，母语在流失，价值体系和意识形态受到动摇，没有硝烟的战争正在悄然进行。面对文化霸权主义的威胁，发展中国家必须认真考虑自己的文化发展战略，有效地应对文化的挑战。

其次是文化的认同。社会力量的凝聚、社会向心力的增强，有赖于民众的民族认同，而民族认同又主要来自于文化认同。文化认同主要体现于一个民族在价值观念、信仰追求、思维方式、心理习惯等方面的共鸣，因而能够唤醒民族意识，振奋民族精神，推动社会健康发展。在传统社会，文化认同并不是问题，因为在相对封闭的环境里，人们世世代代接受的是特定的文化观念，根本没有认同不认同的问题。而在全球化条件下，这一问题则日益暴露出来了，以致“我是谁”竟出现了疑问。之所以如此，就在于全球性文化的传播，特别是价值观念的传播，使得各种文化交织在一起，从而模糊了人们的视线，难以辨认各自的身份。文化认同危机的后果绝不亚于经济危机，其影响是深远的，不光是关涉文明的发展与建设，更重要的是关涉民族发展的前途命运。假如一个民族在文化、精神上陷入危机，那么，这个民族迟早是会衰落下去的。亨廷顿在其《文明的冲突与世界秩序的重建》一书中，曾用“文化上的精神分裂症”来形容那些文化上无所归依的民族的精神状态，这种状况在一些发展中国家确实是存在的。严酷的事实要求有关发展中国家必须在文化上确立明确的“自我意识”。有了自我意识，才会有文化的自我认同。要确立“自我意识”，重要的是增强文化自觉。所谓文化自觉，就是要理性地、冷静地看待自己的文化在全球格局中的处境与地位，辨清其利弊得失，以明确其发展的方向与出路。增强文化自觉，对于有效地回应全球化、加强文明建设是极为重要的。

再次是文化的重构。在传统社会，人们面对的文化主要是本民族的文化，因而文化发展也就是民族文化的发展。而在全球化条件下，情况则出现了重大变化，各种文化汹涌而至，不仅民族文化继续发挥作用，而且外来文化又带来强烈冲击,各种文化交织在一起,大大改变了文化格局。要在这样的局势下来进行文明建设,显然不可能走简单延续传统文明的老路,而是需要妥善应对和处理各种文化之间的关系,以适应时代发展的要求。这无疑是文明发展遇到的新矛盾和新课题。在这样的条件下,文化建设究竟以何种文化为主导,以什么样的模式来进行,早在20世纪初,我国文化界就曾经发生过"中体西用""西体中用""全盘西化"等不同观点的交锋和争论,这样的争论实际上就是该文化矛盾的具体反映。文化发展上的这种矛盾同时也是文化民族性与世界性矛盾的进一步暴露。虽然在任何时候文化的民族性与世界性的矛盾都存在,但在全球化过程中,这一矛盾得到了明显的放大:过分强调文化的民族性,有可能使本民族文化游离于世界文化之外,使其发展导入狭隘的民族主义;过分强调文化的世界性,又可能丧失自己的民族特色,乃至走向历史虚无主义。因此,如何恰当处理民族性与世界性的矛盾,事关文化发展的成败。在这方面,既不能走封闭式发展的老路,也不能走西化的"邪路",只能是根据自己的国情走出一条文化发展的新路。这就要求进行文化的重构或重建。所谓重构或重建,就是要适应全球化的发展趋势,自觉地对传统文化进行现代性的调适与转换。调适与转换后的文化,既不是传统文化的简单延续和修复,也不是外来文化的简单照搬,而是立足本国国情,充分吸收各种文化的精华,凝聚和再造成一种新的富有生命力的文化。

上述这些矛盾都是全球化过程中日益突出的矛盾,其解决得好坏,直接关系到文化的建设和发展。充分认识和把握这些矛盾,是顺利推进文化建设与发展的基本前提。

8.3.2 文明与全球化的发展

对于全球化与文明,不能仅仅将其视为外在关系来对待,即仅仅从其"相互间"的影响和作用来看待,而应当深刻理解和把握二者间内在的本质联系。这里关键是如何理解全球化。全球化固然首先涉及的是经济,侧重点也在经济,但全球化并不是一个纯粹的经济问题,同时也是一个文明问题。也就是说,全球化同时属于文明范畴。指出这一点,并不意味着全球化直接等同于文明,而只在表明全球化并不是外在于文明,不能离开文明,应当从文明的深刻含义来理解和把握全球化。简而言之,文明是全球化的内在要求。全球化的过程也是一个文明不断发育的过程。文明之所以成为全球化的内在要求,就在于离开了文明,全球化便无法推进。我们可以从全球化的不同层面和不同角度来理解和把握这种内在要求。

第一,全球经济发展需要文明。随着民族历史向世界历史的转变,各种经济活动日益越出国界,形成全球性的生产和经营。特别是随着世界市场的发展,每个国家的经济都与世界市场体系连在一起,“牵一发而动全身”,其发展不仅取决于自身的努力,而且取决于国际经济环境。这样的发展态势,客观上凸显了经济的文明性质。例如:现代市场体系的建立,要求推进金融业的发展,而现代金融业的发展又必然要求现代信用制度达到较高的程度,因为金融关系就是通过稳定的信用制度而维系和发展的,一旦信用出了问题,就会伤及整个金融体系乃至整个经济体系,从而引发全球性的金融危机和经济危机。近年来,爆发于美国的金融危机,从一定意义上说就是一场市场文化危机。从实际情况来看,全球经济发展的文明问题主要出在经济的运行上。首先是经济运行规则的制定。世界经济贸易的进行,股票、证券、投资市场的发展等,都需要有一定的规则。而这些规则又是如何制定的?制定出来的规则是否对所有国家都公平、合理?这里显然涉及价值理念、制度体系等问题。因此,各种规则既是根据经济活动的要求建立起来的,同时也是人类文明的某种显现,它反映了人类对于全球范围内经济活动的规律性认识和价值认识所达到的水准。这些规则的制定,实际上也是不同文明磨合的产物。其次是规则的实施。规则一经确立,就要遵守执行。但在实施的过程中,同样会触及文明的问题。因为对同一规则、同一事物,不同的文明会有不同的理解和认识,实施起来也会有差异。为什么在全球经济活动中会产生那么多的摩擦?除了经济利益考量之外,重要的一点就是不同文明的影响。在每一个重要经济行为的背后,都会发现不同文明的“影子”。为了使全球经济有序发展,为了使各个国家的经济利益和经济安全能够得到合理维护,必须加强国际性的文明建设,使全球经济真正成为文明经济。

第二,国际政治关系发展需要文明。全球化作为一个综合性范畴,不仅涉及全球经济,同时也涉及全球政治。全球经济的深入发展,必然带来国际政治关系的重大变动,进而影响到国际政治秩序的重组;全球问题的出现,必然要求国际性的经济合作和政治合作,以实现全球治理;人类的正常生存与发展,也迫切需要建立合理的国际关系,形成一个健康、稳定的国际环境。所有这一切,都突出了政治文明。世界要和平发展、安全稳定,不能仅靠武力来寻求和维持,更需要人类文明水平的提升。应当看到,各种国际组织的建立,各种宪章、条约、协定、声明的制定等,搭建起了世界政治体系的基本框架,体现了一种政治文明。然而,现实的政治发展远非那么和谐顺畅。随着全球化的发展,传统的国家主权受到挑战,一些发展中国家的自主地位受到动摇,西方发达国家在与其他国家的交往中,常常打着“人权高于主权”“人道主义保护”等旗号,借“自由化”的名义,以各种手段向一些国家施压,粗暴干涉他国内政,推行强权政治。正是这些问题的存在,才有“和谐世界”吁求的提出,才有对全球政治文明的强烈呼唤。因此,确立文明的理念,制定文明的规则,促进文明的建设,这是保证国际政治关系健康发展的内在要求。只有借助文明的手段,采取文明的方式,才能有效解决国际矛盾与冲突,才能实现世界的和平与发展。

第三,全球性科技发展需要文明。全球化是和科学技术的发展密切联系在一起的。正是借助于科学技术的快速发展,特别是电子信息技术的发展,才形成了今天这样的全球化。而科学技术又同人类文明密切相关:一方面,科学技术本身就是人类认识世界、改造世界能力的一种提高,是人类文明的一大进步。先进的科学技术创造了先进的文明。另一方面,科学技术助推了人类文明。科技革命的兴起与发展,不仅通过改变社会的生产方式而影响人们的行为方式,而且会通过改变社会的生活方式而影响人们的精神世界。从波及的领域来看,它还深刻地影响到整个世界的经济、政治、文化、军事格局。当代世界的各种深刻变化,无不与科学技术的重大突破相关。总之,人类文明离不开科学技术。但是,应当看到,并不是科学技术的任何发展都会带来文明。科学技术作为一种创造,既可以给人类带来文明,也可以制造黑暗;既可以促进社会发展和人的发展,也可以给这些发展带来重大灾难。在全球化条件下,如何进行科学技术研发?哪些领域可以探索,哪些领域需要限制或禁止(如生化武器和大规模杀伤性武器的制造、某些克隆技术的运用等)?国际间的科技合作如何开展?科技成果如何交流?知识产权如何保护?等等,都涉及文明的问题。没有文明,就没有全球性科学技术的正常发展与合作,就没有真正意义上的科技全球化。因此,增强文明意识,制定合理的规则,建立良好的科研合作机制,这是推进科技全球化顺利发展的客观要求。

第四,文化的交流与发展需要文明。全球化尽管是从经济领域起步的,并且主要是在这一领域展开的,但它必然强烈地影响到文化领域。时下,对"文化全球化"问题还有颇多争议,赞同者有之,反对者也有之。不管看法如何,世界性的文化交流与互动已成为客观事实和必然趋势。但是,文化发展的现状也不容回避。按理说,文化交流应该是双向的、平等的,但在目前的条件下,双向的交流很大程度上变成了单向的文化输出①。西方发达国家一方面利用其经济优势和先进技术手段将自己的文化渗透到其他国家,另一方面又阻止与他们的文化价值观念相悖的价值观念的引入和传播,致使整个世界成为西方文化的销售市场乃至"跑马场"。这样一来,文化交流受到了严重扭曲。当年英国社会学家胡格韦尔特在批评帕森斯的文化传播学说时就曾指出,这种学说给人的印象是"仿佛人类的历史是一部轻松愉快的、和平的思想交流史:社会交往到处

① 丰子义.全球化与民族文化的发展[J].哲学研究,2001(3).

都在促进着繁荣昌盛；文化传播犹如友好的商务旅行；马可·波罗漫游世界时从一个地方拾来几个观点,然后把它带到另一个地方去传播,一切都那样有益无害。然而奇怪的是……丝毫未谈及‘统治’‘剥削’‘帝国主义’和‘殖民主义’等灾难。[①]”这种评论也基本上适合于当代现实。要形成真正意义上的文化交流,促进世界文化的发展,必须建立良好的文明规则和文明秩序,切实有效遏制文化霸权主义的盛行。

第五,互联网的发展需要文明。与以往的全球化不同,今天的全球化主要是通过互联网而形成的。正是借助于互联网,世界性的经济、政治、文化交往日益密切,以致形成了全方位的全球化。互联网的快速发展,大大缩短了人类交往的时间和空间距离,使远隔重洋的人们可以便捷地进行信息的沟通和交流；互联网还构筑了一个多姿多彩的“网络社会”和“虚拟世界”,为人们的自由创造提供了更为广阔的平台。但是,互联网在促进人类进步的同时,也给社会发展提出了很多问题。伴随互联网的发展,网络谣言、网络恐怖、网络色情等呈上升的趋势;网络窃听丑闻不断爆发,直接冲击和影响到国家安全。在其发展过程中,技术相对落后的发展中国家显然处于不利地位,其安全和利益最易受到侵犯。互联网发展所带来的问题绝不是哪一个国家单独能够解决的,而是需要各个国家通力合作、共同解决。这就需要建立互联网发展和合作的规范体系,加强互联网的文明建设,包括互联网的管理、运营和国际协调、合作等。因此,互联网内在地要求文明。

明确了全球化与文明的一般关系,目的是为了更好地加强文明建设。在当今时代,文明建设不可能离开全球化。每个国家的文明都置身于全球文明的格局之中,受其影响和制约,不可能孤立发展。一方面,由于国家之间的联系日益紧密,由此引发的问题和面临的处境必然是世界性的,其发展的方式也不能是封闭性的;另一方面,每个国家文明发展中自身矛

① 韦伯斯特.发展社会学[M].北京:华夏出版社,1987:38.

盾的产生和解决，也不完全是“土生土长”的，而在很大程度上是受国际因素左右的。看似“内因”的东西，实际上有着“外因”的明显作用，全球化成为民族性的一个内在规定。因此，对于民族文明的发展来说，全球化既是时代背景和参照系，又是一个内在要素或内在规定。全球化与民族文明的发展就是如此紧密地联系在一起的。

因此，在全球化的今天，我国的文明建设应当注意以下双重视角：一是整体性视角。这就是要树立“大文明”观，进行经济建设、政治建设、文化建设、社会建设、生态文明建设的“五位一体”文明建设，并促进彼此间的相互协调、相互促进。二是全球化视角。这就是要用全球的眼光来看待我们的文明建设。在具体的建设过程中，不仅要考虑我们的国情，同时要考虑世情，应当清醒地认识我国的文化在世界文化中的位置，以明确其发展的方向与出路。需要指出的是，不仅是“大文明”建设，即整个社会文明建设需要这样的视野，而且“小文明”建设，即各个领域的文明建设也同样如此，每种文明建设都必须纳入全球化的格局之中，从其互动中寻求发展。

参考文献

[1]迪尔凯姆.自杀论[M].杭州:浙江人民出版社,1988.

[2]蔡文辉.比较社会学[M].台北:东大图书公司印行,1989.

[3]中根千枝.社会人类学—アジァ诸社会の考察[M].东京:东京大学出版社,1987.

[4]马克斯·韦伯.新教伦理与资本主义精神[M].北京:三联书店,1987.

[5]风笑天.社会学研究方法[M].北京:中国人民大学出版社,2001.

[6]贾春增.外国社会学史[M].北京:中国人民大学出版社,2010.

[7]马克斯·韦伯.社会学的基本概念[M].顾忠华,译.桂林:广西师范大学出版社,2005.

[8]中共中央马克思恩格斯列宁斯大林著作编译局.马克思恩格斯全集[M].北京:人民出版社,1972.

[9]布莱克.比较现代化[M].上海:上海译文出版社,1996.

[10]彼特·布劳.不平等和异质性[M].北京:中国社会科学出版社,1991.

[11]陆学艺.当代中国社会阶层研究报告[M].北京:社会科学文献出版社,2001.

[12]丹尼斯·吉尔伯特,约瑟夫·卡尔.美国阶级结构[M].北京:中国社会科学出版社,1992.

[13]马克斯·韦伯.经济与社会[M].北京:商务印书馆,1997.

[14]苏国勋.理性化及其限制——韦伯思想引论[M].上海:上海人民出版社,1988.

[15]徐行,薛林.当代中国社会结构研究中的阶层分析与阶级分析[J].江汉大学学报,2009(03).

[16]潘成义.社会阶层嬗变与党建创新[J].理论月刊,2004(02).

[17]贾云泉.论构建社会主义和谐社会的根本基础[J].长白月刊,2006(06).

[18]张菊香,张健.论当代中国社会阶层结构变迁与经济现代化[J].特区经济,2009(10).

[19]高坂健次.从社会阶层看战后日本社会变动[J].东南学术,2000(2).

[20]崔世广.日本结构的变迁前景[J].日本学刊,1995(5).

[21]渡边雅男.现代日本社会结构的阶级分析[J].政治学研究,2008(1).

[22]三浦展.下流社会:一个新社会阶层的出现[M].上海:文汇出版社,2007.

[23]李培林.当今英国社会阶级阶层结构的变化[J].国际经济评论,1999(1).

[24]陈敏华.浅析20世纪苏联社会结构的变迁[J].苏联研究,1999(4).

[25]里亚布什金 T B,奥西波夫 Γ B.苏联社会学[M].陈一筠,哈余灿,译.北京:中国社会科学出版社,1986.

[26]赵定东.俄罗斯中产阶层的结构构成与发展前景[J].湖南师范大学社会科学学报,2008(4).

[27]阿鲁秋尼扬.苏联解体后的俄罗斯社会结构[J].俄罗斯社会学研究,2002(9).

[28]李培林.关于社会结构的问题——兼论中国传统社会的特征[J].社会学研究1991(1).

[29]李强.转型时期的中国社会分层结构[M].哈尔滨:黑龙江人民出版社,2002.

[30]马克思.1844年经济学哲学手稿[M].北京:人民出版社,1985.

[31]王旭,史朝,吴楚直.知识经济全书[M].北京:中国经济出版社,1998.

[32]江蓝生,谢绳武.中国文化产业发展报告[M].北京:社会科学文献出版社,2002.

[33]花建.产业界面上的文化之舞[M].上海:上海人民出版社,2001.

[34]万里.关于"文化产业"定义的一些思考[J].湖南第一师范学报,2001(10).

[35]卢娟.英国文化创意产业与区域发展[N].中国质量报告,2007-09-18.

[36]傅才武,宋丹娜.文化市场演进与文化产业发展——当代中国文化产业发展的理论与实践研究[M].武汉:湖北人民出版社,2008.

[37]牛维麟.国际文化创意产业园区发展研究报告[R].北京:中国人民大学出版社,2007.

[38]Burns R,Will W. “German Cultural Policy: an Overview”[J]. International Journal 2003 of Cultural Policy,2003,9(2):133 - 152.

[39]孔丹霞. 法国国家主导型市场经济体制探析[J]. 世界经济,1997(3).

[40]张永文,李谷兰. 韩国发展文化产业的战略和措施[J]. 北京观察,2003(2).

[41]张玉国. 文化产业与政策导论[M]. 北京:高等教育出版社,2006.

[42]黄俊平. 国际文化产业发展趋势浅析[J]. 政策瞭望,2005(9).

[43]蔡尚伟,温洪泉. 文化产业导论[M]. 上海:复旦大学出版社,2006.

[44]刘蔚. 文化产业集群的形成机理研究[D]. 广州:暨南大学,2007.

[45]王亚川. 文化产业发展的若干趋势分析[J]. 北京社会科学,2006(5).

[46]赵力平. 世界文化产业发展趋势与特点[N]. 浙江日报,2002 - 04 - 29.

[47]英莺敏. 国际文化产业发展趋势浅析[J]. 群众,2003(6).

[48]解学芳. 科技创新推动文化产业步入数字化进程[J]. 科技促进发展,2007(6).

[49]范中汇. 英国文化[M]. 北京:文化艺术出版社,2003.

[50]李红琼. 一臂之距:丹麦、芬兰的艺术资助模式[N]. 中国文化报,2007 - 11 - 5.

[51]李怀亮. 国际文化贸易教程[M]. 北京:中国人民大学出版社,2007.

[52]中共中央国务院关于深化文化体制改革的若干意见(要点摘录)[J]. 领导科学,2006(2).

[53]祁述裕. 中国文化产业发展战略目标[M]. 北京:社会科学文献出版社,2008.

[54]崔跃武. 实施文化产业“走出去”战略的若干思考[N]. 黑龙江日报,2007 - 6 - 18(12).

[55]安忠,钱克威. 现代企业管理[M]. 天津:天津大学出版社,2002.

[56]王蔷,任庆涛. 扁平化组织的组织模式架构[J]. 经济管理,2004(5).

[57]何苏华. 企业网络组织的特征成因及其运行机制[J]. 商业研究,2005(20).

[58]霍步刚,傅才武. 我国文化体制改革的理论分期与深化文化体制改革的策略问题[J]. 中国软科学,2007(8).

[59]范明生. 柏拉图的哲学述评[M]. 上海:上海人民出版社,1984.

[60]柏拉图. 理想国[M]. 郭斌和,张竹明,译. 北京:商务印书馆,1986.

[61]黑格尔. 哲学演讲录:第二卷[M]. 北京:三联书店,1957.

[62]亚里士多德. 政治学[M]. 吴寿彭,译. 北京:商务印书馆,1997.

[63]Machiavelli. Discourses on the First Decade Titus Livius, in Machiavelli, the Chief Works and Other[M]. Durham: Duke University, 1965.

[64]乔治·萨拜因.政治学说史:下卷[M].刘山,译.北京:商务印书馆,1986.

[65]霍布斯.利维坦[M]. 黎思复,黎廷弼,译. 北京:商务印书馆,1985.

[66]洛克.政府论:下篇[M]. 叶启芳,瞿菊农,译.北京:商务印书馆,1964.

[67]徐大同.西方政治思想史[M].天津:天津教育出版社,2000.

[68]孟德斯鸠.论法的精神:上卷[M].张雁深,译.北京:商务印书馆,1980.

[69]卢梭.社会契约论[M].何兆武,译.北京:商务印书馆,2005.

[70]卢梭.论政治经济学[M].北京:商务印书馆,1964.

[71]萨拜因.政治学说史[M].刘山,译.北京:商务印书馆,1986.

[72]黑格尔.法哲学原理[M].范扬,张企泰,译.北京:商务印书馆,1979.

[73]奥斯特洛姆,D.菲尼,H.皮希特.制度分析与发展的反思——问题与抉择[M].北京:商务印书馆,1992.

[74] 中共中央马克思恩格斯列宁斯大林著作编译局.列宁选集:第4卷[M].北京:人民出版社,1995.

[75]青木昌彦.比较制度分析[M].上海:上海远东出版社,2001.

[76]柯武钢,史漫飞.制度经济学——社会秩序与公共政策[M].北京:商务印书馆,2000.

[77]奚从清.社会学原理[M].杭州:浙江大学出版社,2001.

[78]罗荣渠.现代化理论与历史经验的再探讨[M].上海:上海译文出版社,1993.

[79]梅萨罗维奇,佩斯泰尔.人类处于转折点[M].北京:三联书店,1987.

[80]西里尔·布莱克.比较现代化[M].上海:上海译文出版社,1996.

[81]韩明谟.社会学教程[M].北京:北京大学出版社,1987.

[82]布莱克.现代化的动力[M].成都:四川人民出版社,1988.

[83]李晓东.全球化与文化整合[M].长沙:湖南人民出版社,2003.

[84]王逸舟.关于全球化的几个问题[J].哲学动态,1994(6).

[85]戴维·迪尔凯姆·赫尔德.全球大变革——全球化时代的政治经济与文化[M].杨雪冬,译.北京:社会科学文献出版社,2001.

[86]安东尼·吉登斯.民族、国家与暴力[M].北京:三联书店,1998.

[87]哈贝马斯.全球化与政治[M].北京:中央编译局出版社,2000.

[88]斯塔夫里阿诺斯.全球通史——1500年以后的世界[M].上海:上海社会科学院出版社,1999.

[89]丰子义,杨学功.马克思“世界历史”理论与全球化[M].北京:人民出版社,2002.

[90]罗素.中国的问题[M].重庆:重庆出版社,1987.

[91]丰子义.全球化与民族文化的发展[J].哲学研究,2001(3).

[92]韦伯斯特.发展社会学[M].北京:华夏出版社,1987.